Beerenküche

Rose Marie Donhauser

Entdecken Sie die Vielfalt der beerigen Küche! Hier finden Sie Zutaten und Rezepte für preiswerte Salate, Saucen, Aufstriche und schnelle Suppen sowie für eine Vielzahl von raffinierten Gerichten, köstliche Nachspeisen und Cocktails für Ihr festliches Beeren-Menü.

Inhalt

Alle Rezepte auf einen Blick

	Seite	kcal je Portion/Stück	einfach	fettarm	exotisch	vegetarisch	Vitalstoffe	raffiniert	schnell	preiswert
Fruchtige Brote	10	440	+	+	+			+	+	+
Garnelenreis mit Johannisbeeren	11	400	+	+	+			+	+	+
Erdnusssalat mit Johannisbeeren	12	240	+	+	+	+	+	+	+	+
Scharf-süße Zwiebeln	14	250	+	+		+		+	+	+
Stachelbeer-Kiwi-Paste	15	60	+			+	+	+	+	+
Pfeffer-Beeren-Marmelade	16	50	+			+	+	+	+	+
Brombeerchutney mit Tomaten	17	100	+			+	+	+	+	+
Gemüserelish mit Johannisbeeren	18	80	+			+	+	+	+	+
Stachelbeerpaste mit Rosinen	19	35	+			+		+		+
Orangenspargel mit Erdbeeren und Lachs	20	420	+	+	+			+	+	
Wachtelbrüstchen mit Aceto-Erdbeeren	20	280	+	+	+			+	+	
Fischpastetchen mit Johannisbeerdip	22	560	+					+	+	+
Käsesuppe mit Fruchtschnitten	23	340	+			+		+	+	+
Beerensalat mit Walnüssen	24	380	+					+	+	
Birnenkartoffeln mit Preiselbeeren	26	390	+		+	+		+		+
Speckpfannkuchen mit Stachelbeercreme	28	740	+					+	+	+
Kaaspott mit Schinken und Erdbeeren	29	920	+		+			+	+	+
Beerige Sauerrahm-Spätzle	30	460	+			+		+		+
Rehnüsschen mit Holunderbeernudeln	32	610	+	+	+			+		
Beerenterrine mit Minzejoghurt	34	460	+	+	+	+		+	+	+
Erdbeerklöße auf Aprikosensauce	35	530				+		+	+	+

	Seite	kcal je Portion/Stück	einfach	fettarm	exotisch	vegetarisch	Vitalstoffe	raffiniert	schnell	preiswert
Maultaschen mit Himbeerpudding	36	530			+	+		+		+
Schoggi-Fondue mit frechen Früchtchen	38	730	+			+		+	+	+
Gefüllte Ananashälften	39	320	+					+	+	+
Himbeer-Tiramisu	40	540	+		+	+		+	+	+
Quarkspeise mit Brombeeren	41	360	+			+		+	+	+
Champagner-Johannisbeer-Tamarillo-Sorbet	42	320	+	+				+	+	
Erdbeergrütze mit Eierliköreis	44	530	+			+		+	+	+
Cremige Heidelbeeren	45	340	+			+	+	+	+	+
Proseccosüppchen mit Früchten	46	250	+		+	+		+		+
Erdbeeren mit grünem Pfeffer	47	230	+		+	+		+	+	+
Testa Rossa	48	160	+	+				+	+	+
Frozen Erdbeer-Daiquiri	48	340	+	+				+	+	+
Luftige Törtchen auf Blaubeergrütze	50	500	+			+		+	+	+
Buttermilchcrêpes mit Beerenpotpourri	52	540	+			+	+	+		+
Brombeertartelettes mit Balsamicoschaum	53	380	+		+	+		+	+	
Schwiegermutters Erdbeerroulade	54	650	+			+		+		+
Heidelbeermuffins mit Baiser	56	250	+			+		+		+
Walnusskuchen mit Johannisbeergrütze	58	340	+			+		+		+
Stachelbeer-Käse-Kuchen	59	440	+		+	+		+	+	+
Millefeuilles mit viererlei Beeren	60	770				+		+		+

Kleine Beerenkunde

Ihre Vielfalt ist überwältigend: Himbeeren, Brombeeren, Preiselbeeren, Erdbeeren, Stachelbeeren, Blaubeeren – um nur einige bekannte Beerensorten zu nennen. Tolle Ideen und wichtige Informationen rund um die Beeren haben wir hier für Sie zusammengetragen. Um die ganze Beerenvielfalt zu zeigen, stellen wir Ihnen hier auch einige noch nicht so bekannte vor, allerdings nur in der Einleitung. Die Beeren für die Rezepte sind überall zu bekommen.

Die leckersten Beeren wachsen im eigenen Garten

Für Beerenkulturen ist in jedem Garten Platz, auch wenn die Grundstücke immer kleiner werden. Das Angebot hat sich längst den veränderten Gegebenheiten angepasst. Im Kommen sind Beerenobst-Hochstämmchen und Kübelpflanzen-Züchtungen, die im Vergleich zu Sträuchern deutlich geringere Platzansprüche haben. Außerdem: man muss ein Gartenbeet nicht unbedingt mit Buchs oder Ringelbumen einfassen, auch Erdbeeren sind eine Alternative. An Möglichkeiten, selbst Beeren anzupflanzen, mangelt es also nicht.

Andenbeeren sind weit weniger exotisch, als angepriesen wird. Ihre Anzucht ist einfach, sie brauchen nur ein sonniges, geschütztes Plätzchen. Die Kultur entspricht weitgehend der von Tomaten. Jungpflanzen werden nach den Eisheiligen ausgepflanzt. Die Pflanzen erreichen eine Höhe von bis zu 1,5 m, ein Stützstab ist somit unerlässlich. Ab September bilden sich Früchte, die reif sind, wenn sie sich gelb bis orange färben. Typisch sind die papierartigen Hüllen, von denen sie umschlossen sind.

Brombeeren wachsen gut an einem Draht, an dem sich die langen Ranken festbinden lassen. Der Pflanze kann eine Höhe bis zu 6 m erreichen, deshalb muss sie regelmäßig geschnitten werden. Da sie nicht völlig winterhart ist, kommt es an ungeschützten Stellen manchmal zu Frostschäden. Diese sind aber bei der großen Wuchskraft der Pflanze ohne Bedeutung.

Die beste Pflanzzeit ist der März. Da Brombeeren ihr volles Aroma nur entwickeln, wenn die Früchte ganz ausreifen, sollten sie nicht zu früh geerntet werden. Die Erntezeit dauert von Juli bis Ende Oktober.

Erdbeeren sind aus keinem Garten mehr wegzudenken. Als ertragreiche Kübelpflanze haben sie auch das Herz der Balkon- und Terrassengärtner erobert. Pflanzen Sie sie vorzugsweise in einen leichten, humusreichen Boden. Erdbeeren lässt man 1–3 Jahre auf demselben Beet stehen. Dann müssen sie entfernt werde. Danach muss man neue Pflanzen anschaffen und das Beet an einem anderen Platz anlegen.

Um Erdbeeren sauber zu halten und um sie vor Austrocknung zu schützen, wird sowohl Pflanzfolie als auch Stroh unter die Pflanzen gelegt. Gepflanzt wird in einem Abstand von 30–40 cm, die optimale Pflanzzeit ist im August und September. Die Ernten beginnen je nach Witterung und Sorte im April und können bis September andauern.

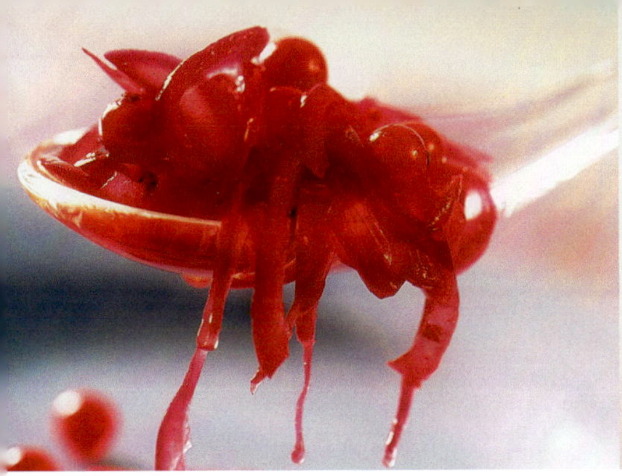

Eine Delikatesse sind Walderdbeeren, die sich besonders als Bodendecker im lichten Halbschatten eignen.

Heidelbeeren gedeihen gut auf feuchten, sauren Böden mit hohem Humusgehalt. Sie haben oberflächige Wurzeln, die im Frühjahr kräftig mit Kompost und Gartentorf bestreut werden sollten. Die Sträucher werden bis zu 2 m hoch und brauchen einen sonnigen bis halbschattigen, windgeschützten Standort. Pflanzzeit ist Herbst oder Frühjahr, möglich ist auch die Kultur im Kübel. Heidelbeersträucher haben zudem einen hohen Zierwert. Im Mai bezaubern weiße, glockenähnliche Blüten, von Juli bis September verführen die blau bereiften Früchte, und im Herbst zeigen die meisten Sorten eine schöne Blattfärbung.

Himbeeren haben das feinste Aroma aller heimischen Früchte. Man pflanzt sie von September bis Anfang November. Sie wachsen mit Vorliebe auf leichten, durchlässigen Böden und am sonnigen Standort. Jedes Jahr bilden sich viele neue Triebe, die im folgenden Sommer Früchte tragen. Die Ernte dauert von Juli bis September. Da es sich um wuchernde Pflanzen mit einer durchschnittlichen Höhe von etwa 1,5 m handelt, sollten Himbeeren am Draht gezogen werden, um Pflege und Ernte zu vereinfachen. Nach der Ernte sollten die Himbeer-Ruten direkt über dem Boden abgeschnitten werden.

Johannisbeeren gehören zu den wohlschmeckenden Klassikern, die einst in jedem Bauerngarten vertreten waren. Es gibt sie in weiß, rot und schwarz. Die weiße Johannisbeere zählt zur Sorte der roten Johannisbeere. Johannisbeersträucher werden 1–3 m hoch, kultiviert ist die Pflanze auch als Hochstämmchen erhältlich. Beide Sorten müssen geschnitten werden. Es handelt sich um eine anspruchslose Pflanze, die Halbschatten bevorzugt. Die schwarze Johannisbeere ist selbstbestäubend, d. h., man kann auch nur einen Strauch pflanzen. Die Erntezeit der roten Johannisbeeren dauert von Juli bis September. Die schwarze Johannisbeere kann 2–3 Jahre nach der Pflanzung im August geerntet werden.

Die **Jostabeere** ist eine Neuzüchtung, die durch die Kreuzung von schwarzer Johannisbeere und Stachelbeere entstanden ist. Diese Beere ist eine ausgezeichnete Saft- und Geleefrucht. Jostabeeren reifen in kurzen Trauben, die 2–3 Jahre nach der Pflanzung von Juli bis August geerntet werden können. Jostabeeren sind weitgehend krankheitsresistent und pflegeleicht. Der Wuchs ist kräftig und ausladend, die stachellosen Triebe werden bis zu 2 m lang, dadurch ist der Platzanspruch der Pflanze relativ groß.

Die chinesische Stachelbeere, bei uns besser bekannt unter dem Namen **Kiwi**, lässt sich hier kaum kultivieren. Die Kiwi ist eine Schlingpflanze, die 4–5 m hoch wächst und in geschützter Lage gepflanzt werden muss, z. B. zum Beranken einer Hauswand oder Laube. Es handelt sich um eine zweihäusige Pflanze, d. h., auf einer Pflanze wachsen nur männliche oder weibliche Blüten. Eine Befruchtung kann nur eintreten, wenn beide Geschlechter nebeneinander stehen. Gepflanzt wird im März, April, geerntet Ende Oktober, Anfang November.

Preiselbeeren sind in unseren Gärten relativ schwach vertreten. Dabei eignen sich die immergrünen, kriechenden Sträucher, die bis zu 30 cm hoch werden, hervorragend als Bodendecker. Die Blütenfarbe variiert von weiß bis rot, die kugelige, scharlachrote Frucht schmeckt säuerlich oder herb. Die Erntezeit beginnt im August und dauert je nach Witterung bis Oktober. Die Preiselbeere benötigt sauren Boden und einen sonnigen bis halbschattigen Standort und kann im Frühjahr ebenso wie im Sommer gepflanzt werden.

Stachelbeeren erfreuen sich wegen der stacheligen Ernte geringer Beliebtheit. Leider, denn geschmacklich müssen sich die Früchte nicht verstecken und auch die Kultur ist eher anspruchslos. Sie verlangen keine Pflege außer feuchtigkeitshaltendem Boden. Gepflanzt wird im Herbst oder im Frühjahr, geerntet wird von Juli bis Anfang September. Angeboten werden sie als Sträucher und Stammformen in den Fruchtfarben Weiß, Rot, Gelb und Grün. Stachelbeeren fruchten am vorjährigen Holz, deshalb ist durch gezielten Rückschnitt dafür zu sorgen, dass Jahr für Jahr neue Triebe entstehen.

Aus Himbeer- und Brombeerkreuzungen entstanden neue Züchtungen: **Taybeeren**, **Loganbeeren** und **Boysenbeeren**. Alle wachsen nur in warmen Klimazonen an geschützten Standorten. Die Fruchtform der Taybeere ist himbeerähnlich, nur länger und hat ein ausgeprägtes süßsaures Aroma. Loganbeeren sind etwas kleiner, purpurrot, ebenfalls süßsäuerlich und sehr aromatisch. Boysenbeeren schmecken fruchtig, sind saftig, rund und haben eine schwarzviolette Farbe.

So kommt Ihr Obst gut über den Winter

Tiefgefrieren ist besonders schonend für Vitamine. Bei Temperaturen von –18°C bis –23°C wird der Zersetzungsprozess durch Mikroorganismen und fruchteigene Reifeenzyme gestoppt. Beeren können roh gefroren werden. Für den Kuchenbelag werden Beeren ungezuckert eingefroren. Sonst empfiehlt sich immer die Zugabe von etwas Zucker, da so Geschmack, Farbe und Form besser erhalten bleiben. Alles Gefriergut sollte frisch, reif und ohne schadhafte Stellen sein.

Beschwipste Beeren Auch Alkohol macht Früchte haltbar. Zum Einlegen der Beeren eignet sich Kirschwasser, Zwetschgenschnaps, Rum, Grappa oder Wodka. Für eine Beerenmischung werden lagenweise Früchte, wie Erdbeeren, Himbeeren, Heidelbeeren, und Zucker in sterilisierte Gläser gegeben und mit Alkohol aufgefüllt. Lassen Sie die Gläser einige Zeit stehen und genießen Sie deren Inhalt dann z. B. mit Vanilleeis.

Kompott Für einen schnellen Nachtisch sorgen selbst gemachte Kompotte. Bei Temperaturen bis zu 130 °C werden Mikroorganismen und Enzyme zerstört. Durch Luftabschluss wird verhindert, dass sich erneut Keime ansiedeln können. Doch auch Nährstoffe und Genusswert der Lebensmittel verändern sich durch die Hitze, die Vitaminverluste sind zum Teil sehr groß.

Beerenstarke Brotaufstriche

Selbst gemachte **Konfitüre** ist eine begehrte Köstlichkeit. Hierfür besorgen sich selbst Menschen ohne eigenen Garten auf dem Markt sonnenreife Früchte.

Durch Hitze und Zucker oder Honig wird Konfitüre haltbar gemacht. Erst wenn 1 Teil Frucht auf 1 Teil Zucker kommt, stimmt das Verhältnis, doch ist die Marmelade dann sehr süß. Deshalb wird oft Gelierzucker 2:1 bzw. 3:1 verwendet; das bedeutet: Auf 2 bzw. 3 Teile Frucht kommt 1 Teil Gelierzucker. Diese Produkte enthalten alle das Konservierungsmittel Sorbinsäure, damit die Konfitüre trotz niedrigen Zuckergehalts nicht schimmelt. Zudem enthält Gelierzucker Pektin und Zitronensäure, die zum Gelieren nötig sind. Je weniger Säure und Pektin eine Frucht hat, desto mehr muss man davon zufügen.

Als Vorbeugung gegen Verderb ist die **Sterilisation der Gläser und Deckel** wichtig: gut reinigen, kurz vor dem Einfüllen mit kochendem Wasser ausspülen und auf einem frischen Geschirrtuch abtropfen lassen.

Süß-säuerliche scharfe **Chutneys** schmecken als Brotaufstrich, zu kalten Speisen und zu gegrilltem Fleisch. Die Konservierung wird durch Alkohol und Zucker erreicht. Füllt man Chutney in Gläser ab, hält es so lange wie Marmelade. Die Gläserdeckel vor dem Verschließen mit Alkohol ausreiben. Angebrochene Gläser im Kühlschrank aufbewahren.

Die Rezepte

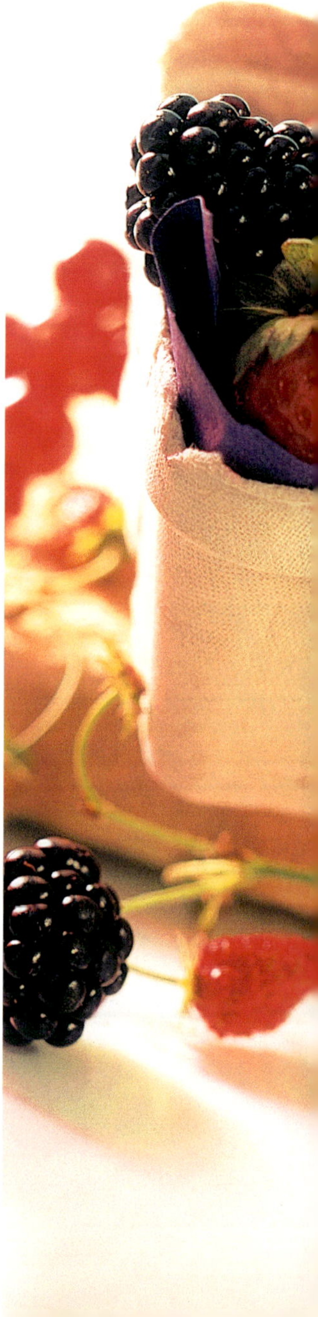

Zutaten

2 frische, grüne Chilischoten · 2 Knoblauchzehen · 1 Stück frische Ingwerknolle (etwa 1 cm) · 100 g rote Johannisbeeren

250 g Rinderhackfleisch · etwas Salz · 2 EL Kokosraspel · etwas Pfeffer aus der Mühle · 1 TL gemahlener Curry · 1/2 TL Kreuzkümmel

8 Scheiben Toastbrot · 50 g Butter

Für 4 Personen
Zubereitungszeit: ca. 40 Min.
ca. 440 kcal je Portion

Fruchtige Brote

- ⊕ einfach
- ⊕ fettarm
- ⊕ exotisch
- ⊖ vegetarisch
- ⊖ Vitalstoffe
- ⊕ raffiniert
- ⊕ schnell
- ⊕ preiswert

1 Die Chilischoten waschen, entkernen und fein würfeln. Wenn man nicht mit Haushaltshandschuhen arbeitet, danach sofort die Hände waschen. Die Knoblauchzehen und den Ingwer schälen und fein würfeln. Die Johannisbeeren von den Rispen zupfen, waschen und mit Küchenkrepp trockentupfen.

2 Das Rinderhackfleisch mit Chili, Knoblauch, Ingwer, Kokosrapseln und Johannisbeeren vermischen. Mit Salz, Pfeffer, Curry und Kreuzkümmel würzen.

3 Den Fleischteig auf 4 Toastbrotscheiben verteilen und glatt streichen. Je eine Toastbrotscheibe darauf drücken und jeweils in 4 Dreiecke schneiden.

4 In einer größeren Pfanne die Butter erhitzen und darin die gefüllten Brote auf jeder Seite knusprig braten. Herausnehmen und auf Küchenkrepp entfetten.

Variation
Je nach dem gewünschtem Schärfegrad können Sie zusätzlich mit Tabasco und Cayennepfeffer würzen.

Tipp
Dazu schmeckt ein Mangochutney zum Dippen.

Garnelenreis mit Johannisbeeren

Zutaten

250 g Duftreis · etwas Salz · 250 g weiße und rote Johannisbeeren
1 TL brauner Zucker · Saft von 1/2 Limette
1 Zwiebel · 2 Stängel Koriandergrün
2 EL Erdnussöl
100 ml Kokosmilch · 2 EL ungesüßte Kokosraspel · 200 g geschälte Garnelen · etwas schwarzer Pfeffer aus der Mühle

einfach +
fettarm +
exotisch +
vegetarisch –
Vitalstoffe –
raffiniert +
schnell +
preiswert +

Für 4 Personen
Zubereitungszeit: ca. 30 Min.
ca. 400 kcal je Portion

1 Den Duftreis in reichlich Salzwasser in etwa 20 Minuten garen. Die Johannisbeeren von den Rispen zupfen, waschen und mit Küchenkrepp trockentupfen.

2 Die Johannisbeeren mit Zucker bestreuen und mit Limettensaft beträufeln. Den Reis in ein Sieb gießen, mit kaltem Wasser abspülen und gründlich abtropfen lassen.

3 Die Zwiebel schälen und fein würfeln. Das Koriandergrün waschen, trockentupfen, von den Stängeln zupfen und fein hacken.

4 In einer großen Pfanne das Erdnussöl erhitzen und darin die Zwiebelwürfel glasig andünsten. Den Reis hinzufügen und unter Rühren erwärmen.

5 Den Reis mit Kokosmilch angießen und einige Minuten aufpuffen lassen. Die Garnelen, Kokosraspel, Johannisbeeren und das Koriandergrün unterheben. Alles salzen und pfeffern. Sofort servieren.

Variationen

Die Menge der Kokosrapsel verdoppeln. Die Raspel in einer Pfanne rösten und kurz vor dem Servieren über den Reis streuen.

Wenn Sie, wie im Rezept angegeben, Kokosmilch verwenden, bleibt in der Dose Milch zurück, die oft verdirbt, weil man keine Verwendung für sie hat. Alternativ können Sie Kokospaste nehmen. Davon 50 g in 100 ml Hühnerbrühe raspeln und wie im Rezept beschrieben unter den Reis rühren. Kokospaste hält sich monatelang im Kühlschrank.

Erdnusssalat mit Johannisbeeren

- einfach
- fettarm
- exotisch
- vegetarisch
- Vitalstoffe
- raffiniert
- schnell
- preiswert

Zutaten

1 kleiner Chinakohl ·
200 g frische Sojabohnensprossen

100 g ungesalzene Erdnüsse ·
150 g Naturjoghurt ·
Saft von 1/2 Orange · etwas Salz · etwas schwarzer Pfeffer aus der Mühle

200 g weiße und rote Johannisbeeren

1/2 Bund frisches Koriandergrün

Für 4 Personen
Zubereitungszeit: ca. 30 Min.
ca. 240 kcal je Portion

1 Den Chinakohl putzen, den Strunk entfernen, waschen und die Blätter in feine Streifen schneiden. Die Sojabohnensprossen waschen und in einem Sieb abtropfen lassen.

2 Die Erdnüsse in einem Blitzhacker oder Mixer fein pürieren. Die Nüsse mit dem Joghurt und dem Orangensaft verrühren. Alles mit Salz und Pfeffer abschmecken.

3 Die Johannisbeeren von den Rispen zupfen, waschen und trockentupfen. In einer großen Schüssel Chinakohl, Sojabohnensprossen, Joghurtsauce und Johannisbeeren locker vermischen.

4 Den Koriander waschen, trockentupfen, von den Stielen zupfen, fein hacken und unter den Salat mengen. Den Salat sofort servieren.

Tipp

Die Kombination aus fruchtigen Johannisbeeren, nussiger Sauce und den knackigen Salaten macht Appetit auf mehr. Der Koriander ist das i-Tüpfelchen auf dem Salat. Dazu schmeckt frittiertes Krabbenbrot (Krupuk) am besten.

Variationen

Zusätzlich Kokosraspel und/oder Orangenfilets zum Garnieren nehmen. Granatapfelkerne oder frische Minzeblättchen schmecken ebenfalls sehr gut.
Sie können die Chinakohlblätter auch ganz lassen und den Salat darauf anrichten.

Scharf-süße Zwiebeln

- einfach
- fettarm
- exotisch
- vegetarisch
- Vitalstoffe
- raffiniert
- schnell
- preiswert

Zutaten

500 g Zwiebeln · 50 g brauner Zucker · Saft von 1 Limette
2 frische, rote Chilischoten · 250 g rote Johannisbeeren
5 EL Olivenöl
etwas Salz

Für 4 Personen
Zubereitungszeit: ca. 30 Min.
Marinierzeit: ca. 30 Min.
ca. 250 kcal je Portion

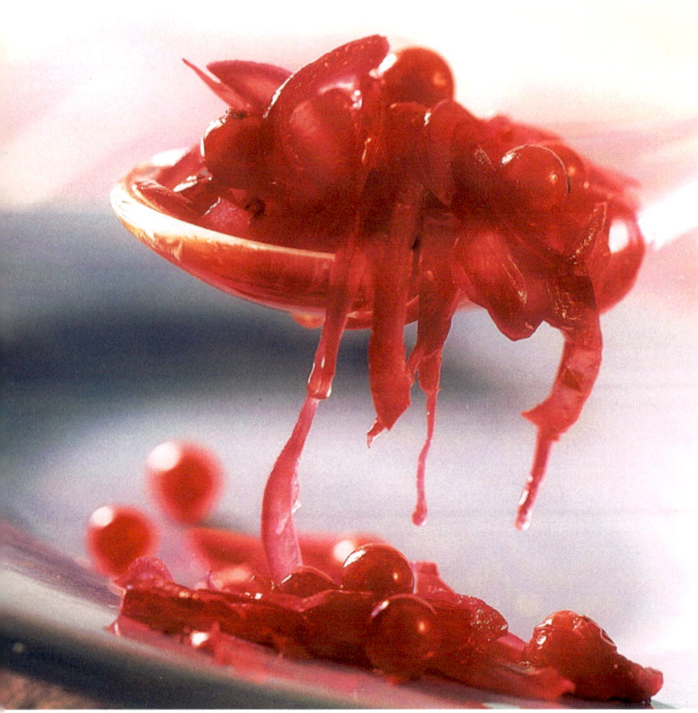

1 Die Zwiebeln schälen, halbieren und in dünne Streifen schneiden. Mit Zucker und Limettensaft vermengen und etwa 1/2 Stunde marinieren.

2 Die Chilischoten waschen, entkernen und sehr fein würfeln. Wenn man nicht mit Haushaltshandschuhen arbeitet, danach sofort die Hände waschen. Die Johannisbeeren von den Rispen abperlen, waschen und mit Küchenkrepp trockentupfen.

3 Die Hälfte des Olivenöls in einer Pfanne erhitzen und darin unter Rühren die Chilischoten und das Zwiebelgemisch 10–15 Minuten dünsten.

4 Den Pfanneninhalt salzen und die Johannisbeeren untermengen. Alles in eine Schüssel geben und mit dem restlichen Olivenöl beträufeln. Heiß, lauwarm oder gut gekühlt servieren.

Tipp
Diese Zwiebeln schmecken hervorragend zu allen Grillgerichten. Am besten 1 Tag mit Folie bedeckt im Kühlschrank ziehen lassen.

Variation
Nehmen Sie statt weißer Zwiebeln rote Zwiebeln oder Schalotten. Zusätzlich Knoblauchzehen mitdünsten.

Zutaten

500 g Stachelbeeren · 500 g Kiwi
1/2 Bund frisches Koriandergrün · 2 rote Chilischoten
etwa 600 g Gelierzucker
5 cl Sherry

Für 4 Einmachgläser à 250 ml
Zubereitungszeit: ca. 30 Min.
ca. 60 kcal je Portion (20 g)

Stachelbeer-Kiwi-Paste

1 Die Stachelbeeren entstielen und waschen. Die Kiwis schälen und in kleine Stücke schneiden.

2 Den Koriander waschen, trockentupfen, von den Stielen zupfen und fein hacken. Die Chilischoten waschen, entkernen und fein würfeln. Wenn man nicht mit Haushaltshandschuhen arbeitet, danach sofort die Hände waschen.

3 Stachelbeeren, Kiwis, Koriander und Chilis im Mixer fein pürieren. Das Fruchtmus abwiegen und dieselbe Menge Gelierzucker verwenden.

4 Das Fruchtmus mit dem Gelierzucker in einem Topf verrühren, aufkochen und etwa 1 Minute sprudelnd kochen lassen.

5 Die Paste heiß in sterilisierte Einmachgläser abfüllen. Zum Parfümieren der Paste die Schraubdeckel mit Sherry ausschwenken und die Gläser luftdicht verschließen.

Variationen

Wer keine Kerne mag: Stachelbeeren und Kiwis pürieren, durch ein Sieb streichen und mit den Chilischoten, dem Koriandergrün und dem Gelierzucker aufkochen.
Statt Sherry einen anderen Alkohol Ihrer Wahl verwenden.

Tipp

Dieses scharf-süße Gelee kann man gut zum Aromatisieren verwenden. Beim Kochen einfach 1 EL Gelee einrühren und damit abschmecken – oder über ein fertiges Gericht 1 EL zur Garnierung darüber geben.

einfach +
fettarm –
exotisch –
vegetarisch +
Vitalstoffe +
raffiniert +
schnell +
preiswert +

Zutaten

1 kg gemischte Beeren (z. B. Brombeeren, Himbeeren, Johannisbeeren und Stachelbeeren) · 100 g Zucker

etwa 400 g Gelierzucker · Saft und abgeriebene Schale von 1 unbehandelten Limette · 50 g eingelegter, grüner Pfeffer

5 cl Whiskey

Für 4 Schraubgläser à 250 ml
Zubereitungszeit: ca. 30 Min.
ca. 50 kcal je Portion (20 g)

Pfeffer-Beeren-Marmelade

- einfach
- fettarm
- exotisch
- vegetarisch
- Vitalstoffe
- raffiniert
- schnell
- preiswert

1 Die Beeren entstielen und waschen. Mit dem Zucker vermischen und im Mixer fein pürieren. Alles durch ein Sieb streichen und abwiegen. Dieselbe Menge Gelierzucker verwenden.

2 Fruchtpüree, Gelierzucker, Limettensaft und -schale in einem Topf verrühren. Den Pfeffer abtropfen lassen und in den Topf rühren.

3 Alles aufkochen lassen und unter Rühren 3–4 Minuten sprudelnd kochen. Dann die Marmelade sofort in sterilisierte Gläser abfüllen. Die Schraubdeckel mit Whiskey ausschwenken und die Gläser luftdicht verschließen.

Tipp
Sie können die Beeren auch entsaften, statt sie zu pürieren. Die Saftmenge wiegen, gleich viel Zucker verwenden und Sie erhalten ein herrlich erfrischendes Gelee.

Variation
Nach Belieben können Sie auch nur eine Beerensorte Ihrer Wahl verwenden.

Zutaten

2 frische, rote Chilischoten · 200 g Brombeeren · 7 cl Whiskey

500 g Fleischtomaten · 2 Knoblauchzehen

4 Frühlingszwiebeln · 2 EL Erdnussöl

200 g brauner Zucker · 100 ml Rotweinessig · 1 TL Salz · 1 TL weißer, gemahlener Pfeffer

Für ca. 4 Einmachgläser à 200 ml
Zubereitungszeit: ca. 30 Min.
ca. 100 kcal je Portion (60 g)

Brombeerchutney mit Tomaten

1 Die Chilischoten waschen, entkernen und klein würfeln. Wenn man nicht mit Haushaltshandschuhen arbeitet, danach sofort die Hände waschen. Die Brombeeren waschen und mit Küchenkrepp trockentupfen. Mit 2 cl Whiskey beträufeln.

2 Die Tomaten über Kreuz einritzen, kurz überbrühen, abschrecken, enthäuten und klein würfeln. Die Knoblauchzehen schälen und fein würfeln.

3 Die Frühlingszwiebeln putzen und klein würfeln. In einem Topf das Erdnussöl erhitzen und darin Chili-, Frühlingszwiebel- und Knoblauchwürfel andünsten.

4 Den Zucker unter Rühren im Topf auflösen und mit Rotweinessig ablöschen. Die Tomaten hinzufügen, einige Minuten kochen lassen und mit Salz und Pfeffer würzen.

5 Zuletzt die Brombeeren unterheben, alles 2 Minuten kochen lassen und das Chutney erneut abschmecken. Noch heiß in sterilisierte Gläser füllen, die Deckel mit dem restlichen Whiskey ausschwenken und die Gläser luftdicht verschließen.

einfach +
fettarm −
exotisch −
vegetarisch +
Vitalstoffe +
raffiniert +
schnell +
preiswert +

Tipp

Dieses pikante Chutney passt mit seinem süß-säuerlichen Geschmack sehr gut zu gegrilltem Fleisch. Abgefüllt in sterilen Gläsern sind Chutneys genauso lange haltbar wie Marmeladen oder Gelees.

Variationen

Mischen Sie Rosinen und ganze, geschälte Mandeln unter das Chutney.
Wer noch etwas kräftiger würzen möchte, kann z. B. gemahlenen Curry und Kreuzkümmelsamen hinzugeben.

Gemüserelish mit Johannisbeeren

- einfach
- fettarm
- exotisch
- vegetarisch
- Vitalstoffe
- raffiniert
- schnell
- preiswert

Zutaten

500 g Johannisbeeren · 200 g Zucker · 1/2 Zimtstange
1 Zwiebel · 2 Knoblauchzehen
250 g Zucchini · 250 g Gemüsemais
2 EL Pflanzenöl · 1/2 TL Cayennepfeffer · 1 EL scharfer Senf · 1 TL Salz
150 ml Weißweinessig
5 cl Cassis (Johannisbeerlikör)

Für ca. 5 Einmachgläser à 1/4 l
Zubereitungszeit: ca. 40 Min.
ca. 80 kcal je Portion (60 g)

1 Die Johannisbeeren von den Rispen zupfen und waschen. In einem Topf 50 ml Wasser mit dem Zucker verrühren und aufkochen. Die Johannisbeeren und die Zimtstange hineingeben und alles etwa 5 Minuten kochen lassen.

2 Die Zimtstange wieder aus dem Topf nehmen und den Topfinhalt durch ein Sieb streichen. Die Zwiebel und die Knoblauchzehen schälen und fein würfeln.

3 Die Zucchini waschen, die Stielenden entfernen und das Fruchtfleisch in etwa 1/2 cm große Würfel schneiden. Den Mais abtropfen lassen.

4 Das Pflanzenöl in einem Topf erhitzen und darin die Zwiebel- und Knoblauchwürfel andünsten. Die Zucchinistücke und den Mais einrühren. Alles mit Cayennepfeffer, Senf und Salz würzen.

5 Das Ganze mit Weißweinessig ablöschen und das Johannisbeermus einrühren. Bei mittlerer Hitze etwa 5 Minuten kochen lassen und erneut abschmecken.

6 Das Gemüserelish in Einmachgläser füllen und die Oberflächen mit Cassis beträufeln.

Variationen

Ersetzen Sie den scharfen Senf durch besonders würzigen Dijon-Senf.
Die Johannisbeeren können auch untergemengt werden, ohne dass man sie zuvor durch ein Sieb streicht.

Zutaten

750 g Stachelbeeren · 50 g weißer Zucker

1 Stück frische Ingwerknolle (etwa 2 cm) · 3 frische grüne Chilischoten · 100 g Rosinen · 10 cl weißer Rum

2 EL Pflanzenöl · 1 EL Korianderkörner · 200 g brauner Zucker

150 ml Weißweinessig · 1 EL gemahlener Curry · 1 Prise Cayennepfeffer · 1 TL Salz · etwas Pfeffer aus der Mühle

Für 5 Einmachgläser à 200 ml
Zubereitungszeit: ca. 45 Min.
ca. 35 kcal je Portion (20 g)

Stachelbeerpaste mit Rosinen

1 Die Stachelbeeren entstielen und waschen. In einem Topf 50 ml Wasser mit dem Zucker aufkochen und die Stachelbeeren einrühren. Die Beeren etwa 3 Minuten kochen lassen und durch ein Sieb streichen.

2 Die Ingwerknolle schälen und fein hacken. Die Chilischoten waschen, entkernen und fein würfeln. Wenn man nicht mit Haushaltshandschuhen arbeitet, danach sofort die Hände waschen. Die Rosinen mit 5 cl Rum beträufeln.

3 In einem großen Topf das Pflanzenöl erhitzen und darin die Korianderkörner, den Ingwer sowie die Chiliwürfel andünsten. Den braunen Zucker darüber streuen und unter Rühren auflösen.

4 Die Stachelbeeren sowie die Rosinen in den Topf rühren und alles mit Weißweinessig ablöschen. Mit Curry, Cayennepfeffer, Salz und Pfeffer würzen. Bei mittlerer Hitze etwa 5 Minuten kochen lassen. Die Stachelbeerpaste sollte beim Umrühren noch leicht geleeartig sein.

5 Die Paste heiß in Gläser füllen und die Schraubdeckel mit dem restlichen Rum ausschwenken. Die Gläser luftdicht verschließen.

- einfach ⊕
- fettarm ⊖
- exotisch ⊖
- vegetarisch ⊕
- Vitalstoffe ⊖
- raffiniert ⊕
- schnell ⊖
- preiswert ⊕

Variation
Das Rezept nach Belieben mit Knoblauch, Zwiebeln, Kokosraspeln, gemischten Beeren und gemahlenem Kurkuma variieren.

Tipp
Geöffnete Gläser immer in den Kühlschrank stellen.

Orangenspargel mit Erdbeeren und Lachs

- ⊕ einfach
- ⊕ fettarm
- ⊕ exotisch
- ⊖ vegetarisch
- ⊖ Vitalstoffe
- ⊕ raffiniert
- ⊕ schnell
- ⊖ preiswert

Zutaten

1 kg frischer Spargel · etwas Salz · 1 Prise Zucker · 1 TL Butter

200 g frisches Lachsfilet ohne Haut · 250 g frische Erdbeeren

1 frisches Eigelb · 80 ml Olivenöl · Saft von 3 Orangen · abgeriebene Schale von 1 unbehandelten Orange · 1 TL Sherryessig · etwas schwarzer Pfeffer aus der Mühle

Für 4 Vorspeisenportionen
Zubereitungszeit: ca. 40 Min.
ca. 420 kcal je Portion

1 Spargel waschen, schälen und die Enden abschneiden. In etwa 3 l Salzwasser mit Zucker und Butter in etwa 20 Minuten garen.

2 Das Lachsfilet in sehr dünne Scheiben schneiden und auf 4 Tellern breitflächig auslegen. Die Erdbeeren entstielen, waschen und mit Küchenkrepp trockentupfen.

3 Mit einem elektrischen Handrührgerät das Eigelb cremig rühren und tropfenweise das Olivenöl unterschlagen. Orangensaft und -schale sowie den Sherryessig einrühren. Mit Salz und Pfeffer würzen.

4 Den Spargel in ein Sieb gießen, kurz abtropfen lassen, auf den Tellern anrichten und mit Orangendressing überziehen. Die Erdbeeren, je nach Größe, halbieren oder vierteln und auf dem Spargel anrichten.

Wachtelbrüstchen mit Aceto-Erdbeeren

- ⊕ einfach
- ⊕ fettarm
- ⊕ exotisch
- ⊖ vegetarisch
- ⊖ Vitalstoffe
- ⊕ raffiniert
- ⊕ schnell
- ⊖ preiswert

1 Erdbeeren entstielen, vorsichtig waschen und trockentupfen. In einer Schüssel die Hälfte des Essigs mit Zucker verrühren. Die Erdbeeren darin schwenken. Bei Zimmertemperatur etwa 1 Stunde marinieren.

2 Wachtelbrüstchen salzen und pfeffern. In einer Pfanne die Butter stark erhitzen und darin die Brüstchen auf beiden Seiten goldbraun braten. Herausnehmen, auf einen Teller legen und mit Folie bedecken.

3 Friseésalat waschen, trockenschleudern und klein zupfen. Aus restlichem Essig, Öl, Zitronensaft, Salz und Pfeffer eine Sauce anrühren und den Salat damit anmachen.

4 Den Salat auf 4 großen Vorspeisentellern anrichten. Die Brüstchen quer in feine Scheiben schneiden und auf dem Salat anrichten. Mit den Erdbeeren garnieren.

Zutaten

250 g Walderdbeeren · 3 EL Essig · 1 TL Zucker

4 ausgelöste Wachtelbrüstchen · etwas Salz · etwas Pfeffer aus der Mühle · 1 EL Butter

1 Friseésalat · 4 EL Olivenöl · Saft von 1/2 Zitrone

Für 4 Vorspeisenportionen
Zubereitungszeit: ca. 30 Min.
Marinierzeit: ca. 1 Std.
ca. 280 kcal je Portion

Zutaten

200 g geräuchertes Forellenfilet ohne Haut · 50 g gekochtes, kaltes Sauerkraut · 2 frische Eigelbe · 50 g saure Sahne · etwas Pfeffer aus der Mühle

etwas Mehl zum Ausrollen · 3 Scheiben Blätterteig

etwas Butter für das Blech

200 g rote Johannisbeeren · 200 g Sahne · 1 EL Meerrettich · 1 EL Johnnisbeergelee · etwas Salz

Für 4 Vorspeisenportionen
Zubereitungszeit: ca. 40 Min.
ca. 560 kcal je Portion

Fischpastetchen mit Johannisbeerdip

- ⊕ einfach
- ⊖ fettarm
- ⊖ exotisch
- ⊖ vegetarisch
- ⊖ Vitalstoffe
- ⊕ raffiniert
- ⊕ schnell
- ⊕ preiswert

1 Das Forellenfilet in kleine Würfel schneiden. Die Würfel mit dem Sauerkraut, einem Eigelb und saurer Sahne locker vermengen und mit Pfeffer würzen.

2 Auf einer bemehlten Arbeitsfläche die Blätterteigscheiben einzeln, etwa 3 mm dünn auswellen. In Dreiecke von etwa 10 cm Seitenlänge schneiden.

3 Den Backofen auf 225 °C (Umluft 195 °C; Gas Stufe 4) vorheizen und ein Backblech mit Butter ausfetten. Je 1 EL Füllung auf 1 Dreieck geben und zusammenrollen. Die Teigenden dabei fest zusammendrücken.

4 Das restliche Eigelb verrühren und die Pastetchen damit bestreichen. Die Pastetchen auf das Backblech legen und auf der mittleren Schiene in den Ofen schieben und etwa 10–12 Minuten backen.

5 Inzwischen die Johannisbeeren entstielen, waschen und mit Küchenkrepp trockentupfen. Die Sahne steif schlagen. Meerrettich und Johannisbeergelee unterrühren. Mit Salz und Pfeffer würzen.

6 Die Fischpastetchen auf 4 Vorspeisentellern verteilen. Zwei Drittel der frischen Johannisbeeren unter die Meerrettichsahne ziehen und auf den Tellern verteilen. Mit den restlichen Johannisbeeren garnieren.

Variationen

Statt geräuchertem Forellenfilet können Sie auch Aal oder Lachs oder alle drei Fischsorten gemischt verwenden.

Käsesuppe mit Fruchtschnitten

Zutaten

1 Zwiebel · 1 Knoblauchzehe · 4 EL Butter · 3 EL Mehl · 1 l Fleischbrühe (Instant)

etwas Salz · etwas Pfeffer aus der Mühle

4 Scheiben Toastbrot · 1 TL Kräuterbutter · 1 EL Preiselbeeren · 150 g gemischte Beeren (z. B. Johannisbeeren, Stachelbeeren, Erdbeeren) · 4 Scheiben Scheiblettenkäse

100 g Sahne · 1 Schmelzkäseecke (ca. 60 g) · 1 Msp. Muskat

2 EL Schnittlauchröllchen

einfach ⊕
fettarm ⊖
exotisch ⊖
vegetarisch ⊕
Vitalstoffe ⊖
raffiniert ⊕
schnell ⊕
preiswert ⊕

Für 4 Personen
Zubereitungszeit: ca. 40 Min.
ca. 340 kcal je Portion

1 Die Zwiebel und die Knoblauchzehe schälen und fein würfeln. Die Butter in einem Topf erhitzen und darin die Zwiebelwürfel glasig andünsten. Mit Mehl bestäuben, verrühren und mit Fleischbrühe aufgießen.

2 Die Suppe bei kleiner Hitze knappe 10 Minuten kochen lassen. Mit Salz und Pfeffer würzen. Den Backofengrill auf 200 °C (Umluft 170 °C; Gas Stufe 1–2) vorheizen.

3 Die Toastbrotscheiben zuerst mit Kräuterbutter, dann mit Preiselbeeren bestreichen und schräg in Dreiecke schneiden. Die Beeren verlesen, waschen, mit Küchenkrepp trockentupfen und auf die 8 Brotdreiecke verteilen. Die Käsescheiben halbieren und die Früchte damit belegen.

4 Die Brotdreiecke auf ein Backblech legen, auf der mittleren Schiene in den vorgeheizten Ofen schieben und 5–8 Minuten goldgelb überbacken.

5 Die Suppe durch ein Sieb passieren und erneut erhitzen. Mit Sahne aufgießen und den Schmelzkäse in Stückchen einrühren. Nur noch wenig kochen lassen. Mit Salz, Pfeffer und Muskat abschmecken.

6 Die Suppe in 4 vorgewärmte Suppenteller verteilen, je zwei Fruchtschnitten darauf setzen und mit dem Schnittlauch bestreuen.

Variationen

Die überbackenen Früchte mit Kombinationen aus Stachelbeeren und Aprikosen oder Erdbeeren mit Ananas variieren.
Die Fleischbrühe kann durch Gemüsebrühe (Instant) ersetzt werden.

Beerensalat mit Walnüssen

- ● einfach
- ● fettarm
- ● exotisch
- ● vegetarisch
- ● Vitalstoffe
- ● raffiniert
- ● schnell
- ● preiswert

1 Den Friséesalat putzen, waschen, trockenschleudern. Nach Belieben kleiner zupfen. Mit einem elektrischen Handrührgerät Walnussöl, Pflanzenöl, Sherryessig, Salz, Pfeffer und Zucker kräftig aufschlagen. Die gehackten Walnüsse einstreuen.

2 Die Beeren waschen und mit Küchenkrepp trockentupfen. Die Rehmedaillons salzen und pfeffern. Die Butter in einer Pfanne erhitzen und darin die Medaillons auf jeder Seite 3 Minuten braten. Das Fleisch wieder herausnehmen, auf einen Teller legen und mit Folie bedecken.

3 Den Friséesalat mit dem Walnussdressing anmachen und auf 4 Teller verteilen. Die Rehmedaillons in Streifen schneiden und auf den Salattellern anrichten. Die Beeren mit Cassis beträufeln und löffelweise auf den Salatportionen verteilen. Alles mit Walnusshälften garnieren.

Zutaten

1 Friseésalat · 5 EL Walnussöl · 2 EL Pflanzenöl · 3 EL Sherryessig · etwas Salz · etwas Pfeffer aus der Mühle · 1 Prise Zucker · 1 EL fein gehackte Walnüsse

100 g gemischte Johannisbeeren · 100 g Himbeeren · 4 Rehmedaillons · 1 EL Butter

3 cl Cassis (Johannisbeerlikör) · etwa 12 Walnusshälften

Für 4 Personen
Zubereitungszeit: ca. 30 Min.
ca. 380 kcal je Portion

Tipp
Dazu passt Vollkornbrot, ofenfrisches Kräuterbaguette oder Bruschetta.

Variationen
Statt Friseesalat Feldsalat oder Kopfsalat verwenden. Auch eine Kombination aus Auberginen, Zucchini, Chicorée und Lollo rosso schmeckt sehr gut.

Birnenkartoffeln mit Preiselbeeren

- einfach
- fettarm
- exotisch
- vegetarisch
- Vitalstoffe
- raffiniert
- schnell
- preiswert

Zutaten

750 g Kartoffeln · etwas Salz · 1 TL Kümmel · 150 g rote, weiße und schwarze Johannisbeeren

100 g Sahne · 2 EL Preiselbeeren · etwas Pfeffer aus der Mühle

1 große Zwiebel · 2 Birnen

2 EL Butter

100 g Blauschimmelkäse (Dana blue oder Bavaria blue)

Für 4 Personen
Zubereitungszeit: ca. 50 Min.
ca. 390 kcal je Portion

1 Die Kartoffeln waschen und bedeckt mit Salzwasser mit dem Kümmel weich garen. Inzwischen die Johannisbeeren entstielen, waschen und mit Küchenkrepp trockentupfen.

2 Die Sahne steif schlagen und die Preiselbeeren sowie die Johannisbeeren unterheben. Mit Pfeffer würzen und bis zum Gebrauch in den Kühlschrank stellen.

3 Die Zwiebel schälen, halbieren und in Streifen schneiden. Die Birnen schälen, vierteln und entkernen. Das Fruchtfleisch in dünne Spalten schneiden.

4 Die Kartoffeln abgießen, ausdampfen lassen, schälen und in Scheiben schneiden. Die Butter in einer großen Pfanne erhitzen und darin die Zwiebelstreifen, Birnenspalten und Kartoffeln leicht anbraten. Alles salzen und pfeffern und etwa 8–10 Minuten braten.

5 Den Käse klein schneiden, über den Pfanneninhalt streuen und den Pfannendeckel aufsetzen. Sobald der Käse zerläuft, die Pfanne vom Herd ziehen.

6 Die Birnenkartoffeln auf 4 vorgewärmte Teller verteilen und mit der Beerensahne überziehen.

Tipps

Dazu schmeckt ein mit Essig, Öl und Gewürzen angemachter Kopfsalat und als Getränk ein gut gekühltes Bier.

Am Vortag gekochte Kartoffeln sind für Bratkartoffeln am besten geeignet. Frisch gekochte Kartoffeln, die nicht genügend durchgekühlt sind, ziehen in der Pfanne mehr Wasser, werden nicht so kross und bleiben schneller am Pfannenboden kleben.

Variation

Kartoffeln, Zwiebeln, Birnen und Käse in eine Auflaufform schichten. Mit Sahne begießen und im vorgeheizten Backofen bei 200 °C gratinieren. Mit Beerensahne überziehen.

Speckpfannkuchen mit Stachelbeercreme

- ⊕ einfach
- ⊖ fettarm
- ⊖ exotisch
- ⊖ vegetarisch
- ⊖ Vitalstoffe
- ⊕ raffiniert
- ⊕ schnell
- ⊕ preiswert

Zutaten

500 g Stachelbeeren · 1 TL Zucker

250 g Sahne · 100 g Räucherspeck

1/4 l Milch · 4 frische Eier · etwas Salz · 150 g Mehl · 50 g Butter

1 Stück frische Meerrettichwurzel (etwa 3 cm) · etwas grob gemahlener Pfeffer · 1 EL frisch gehackte Minzeblättchen

Für 4 Personen
Zubereitungszeit: ca. 40 Min.
ca. 740 kcal je Portion

1 Die Stachelbeeren entstielen, waschen und mit etwas Wasser und Zucker in einem Topf aufkochen. 2 Minuten kochen lassen und durch ein Sieb streichen. Kurz abkühlen lassen.

2 Die Sahne steif schlagen und unter das Stachelbeermus ziehen. Mit Folie bedecken und in den Kühlschrank stellen. Den Räucherspeck in dünne Streifen schneiden.

3 Mit einem elektrischen Handrührgerät oder mit der Küchenmaschine Milch, Eier, Salz und Mehl zu einem glatten Teig verrühren. In einer Pfanne etwas Butter erhitzen, ein Viertel der Speckstreifen anbraten und mit Teig begießen. Insgesamt vier Pfannkuchen backen.

4 Die Pfannkuchen auf 4 Teller legen. Den Meerrettich schälen, raspeln und auf die Pfannkuchen verteilen. Mit Stachelbeercreme bestreichen und mit grob gemahlenem Pfeffer und Minze bestreuen. Die Pfannkuchen aufrollen oder zusammenklappen.

Tipps

Sie können die gefüllten Pfannkuchen fest aufrollen, in Folie verpacken und in den Kühlschrank stellen. Kurz vor dem Servieren gefüllte Röllchen abschneiden. Dazu schmeckt Salat, Roastbeef oder geräucherter Fisch.

Variationen

Das Stachelbeermus statt mit Sahne mit Gemüsemais vermischen.
Frischen Meerrettich durch Sahnemeerrettich (Fertigprodukt) ersetzen.

Zutaten

Für das Käsefondue

200 g alter Gouda · 200 g junger Gouda · 100 g Maasdamer · 1 Knoblauchzehe

$^1/_4$ l trockener Weißwein · Saft von $^1/_2$ Zitrone · 1 EL Speisestärke · etwas Salz · etwas Pfeffer aus der Mühle

Zum Dippen

200 g gekochter Schinken am Stück · 1 Stangenweißbrot · 100 g Champignons

1 Bund Schnittlauch · 250 g Erdbeeren

Für 4 Personen
Zubereitungszeit: ca. 30 Min.
ca. 920 kcal je Portion

Kaaspott mit Schinken und Erdbeeren

1 Die 3 Käsesorten auf einer Küchenreibe fein reiben oder in kleine Würfel schneiden. Die Knoblauchzehe schälen, halbieren und den Fonduetopf damit ausreiben.

2 Käse, Wein, Zitronensaft und Speisestärke im Fonduetopf vermischen. Bei mittlerer Hitze unter ständigem Rühren auf dem Herd schmelzen lassen. Nach Belieben salzen und pfeffern. Den Topf von der Hitze nehmen.

3 Den Schinken in mundgerechte Würfel schneiden und das Stangenweißbrot in Stücke schneiden. Die Champignons mit einem feuchten Tuch abreiben und je nach Größe halbieren, vierteln oder ganz lassen.

4 Den Schnittlauch waschen und in Röllchen schneiden. Die Erdbeeren entstielen, waschen und mit Küchenkrepp trockentupfen. Alle vorbereiteten Zutaten am Tisch arrangieren. Den Käse auf der Herdplatte erneut erhitzen und dann auf den Tischrechaud stellen.

Tipp

Bei schwerer verdaulichen Speisen wie einem Käsefondue sollte man immer auch „Frisches“ bereitstellen: Apfelspalten, Mangostückchen – oder wie wäre es, wenn Sie Himbeeren dazu servieren würden, die mit flüssigem Käse überzogen werden? Die Köstlichkeiten in Käse tauchen und im Schnittlauch „panieren“.

Variation

Ein Stück Weißbrot in das Fondue tauchen und dann in frischen Johannisbeeren wälzen – einfach köstlich!

- einfach +
- fettarm –
- exotisch +
- vegetarisch –
- Vitalstoffe –
- raffiniert +
- schnell +
- preiswert +

Beerige Sauerrahm-Spätzle

- ⊕ einfach
- ⊖ fettarm
- ⊖ exotisch
- ⊕ vegetarisch
- ⊖ Vitalstoffe
- ⊕ raffiniert
- ⊖ schnell
- ⊕ preiswert

Zutaten

400 g Mehl · 500 g saure Sahne · 3 frische Eier · 2 frische Eigelbe · 1 TL Salz · etwa 50 ml Mineralwasser

250 g rote Johannisbeeren · 50 ml Rotwein · Zucker nach Belieben · 2 EL Preiselbeeren · 1 EL Crème fraîche · etwas Pfeffer aus der Mühle

1 große Zwiebel · 1/2 Bund glattblättrige Petersilie

2 EL Butter

Für 4 Personen
Zubereitungszeit: ca. 50 Min.
ca. 460 kcal je Portion

1 Mit den Knethaken eines elektrischen Rührgeräts aus Mehl, saurer Sahne, Eiern, Eigelben, Salz und Mineralwasser einen glatten Teig herstellen.

2 In einem großen Topf Salzwasser aufkochen und mit einem Spätzlehobel den Teig portionsweise in das kochende Wasser schaben. Mehrmals aufkochen lassen, die Spätzle mit einem Schaumlöffel herausnehmen und in kaltes Wasser legen. Gut abtropfen lassen.

3 Die Johannisbeeren von den Rispen zupfen und waschen. In einem Topf Rotwein mit etwas Zucker aufkochen. Johannis- und Preiselbeeren einrühren. 1 Minute aufkochen lassen und den Topf von der Hitze nehmen. Mit Crème fraîche und Pfeffer verfeinern.

4 Die Zwiebel schälen, halbieren und in Streifen schneiden. Die Petersilie waschen, trockentupfen, von den Stielen zupfen und hacken.

5 In einer großen Pfanne die Butter stark erhitzen und darin die Zwiebelstreifen kurz andünsten. Die Spätzle einstreuen und unter mehrmaligem Rühren bräunen.

6 Die Spätzle mit der Petersilie vermischen und auf 4 vorgewärmte Teller geben. Das Beerenmus jeweils auf die Mitte der Spätzle verteilen.

Variation

Die Spätzle kann man auch ohne saure Sahne herstellen. Nehmen Sie dafür 500 g Mehl, 5 frische Eier und 1/4 l Mineralwasser. Dazu etwas Sahne in einem Topf aufkochen, mit Sherry abschmecken und Erdbeeren untermischen. Sofort über die Spätzle geben.

Rehnüsschen mit Holunderbeernudeln

- einfach
- fettarm
- exotisch
- vegetarisch
- Vitalstoffe
- raffiniert
- schnell
- preiswert

Zutaten

250 g Mehl · 50 g Grieß · 3 frische Eier · 150 ml ungezuckerter Holundersaft (Reformhaus) · etwas Salz · etwas Muskat

8 Rehnüsschen (à etwa 60 g) · etwas Pfeffer aus der Mühle · 2 EL Pflanzenöl

150 ml Wildsauce (Fertigprodukt) · 50 g Crème fraîche · 2 EL Preiselbeeren

Für 4 Personen
Zubereitungszeit: ca. 50 Min.
ca. 610 kcal je Portion

1 Aus Mehl, Grieß, Eiern, 120 ml Holundersaft und 50 ml Wasser einen glatten Teig herstellen. Mit Salz und Muskatnuss würzen.

2 Den Teig portionsweise durch eine Nudelmaschine in kochendes Salzwasser drücken. Mehrmals aufkochen lassen und mit einem Schaumlöffel in kaltes Wasser geben. In einem Sieb abtropfen lassen.

3 Die Rehnüsschen salzen und pfeffern. Das Pflanzenöl in einer Pfanne erhitzen und darin die Fleischstücke auf jeder Seite 2 Minuten braten. Herausnehmen und warm stellen.

4 Die Wildsauce in den Bratensatz gießen und aufkochen. Mit Crème fraîche und Preiselbeeren verfeinern. Die Sauce bei kleinster Hitze warm halten.

5 In einer großen Pfanne die Butter heiß schäumend erhitzen und darin die Nudeln schwenken. Mit 2–3 EL Holundersaft beträufeln und mit Salz und Pfeffer würzen.

6 Die Nudeln auf 4 Tellern verteilen. Die Rehnüsschen dazugeben und mit Sauce überziehen.

Tipps

Zum Essen zusätzlich Crème fraîche und Preiselbeeren servieren. Die Holundernudeln werden beim Rühren mit der Butter blasslila. Um eine kräftigere Farbe zu erhalten, zum Schluss etwas Holundersaft darüber träufeln.

Varianten

Die Holundernudeln passen zu allen Sorten Wildfleisch. Zusätzlich mit gebräunten Mandeln oder Haselnüssen servieren.

Zutaten

250 g gemischte Beeren (z. B. Johannisbeeren, Erdbeeren und Himbeeren) · 8 frische Zitronenmelisseblättchen

8 Blatt weiße Gelatine · 200 g Sahne

3 frische Eigelbe · 150 g Quark · 100 g Zucker · Saft von 1 Zitrone · 400 g Vollmilchjoghurt

frische Beeren zum Garnieren nach Belieben

Für 1 Kastenform
(11-12 Stücke)
Zubereitungszeit: ca. 30 Min.
Kühlzeit: ca. 3 Std.
ca. 460 kcal je Stück

Beerenterrine mit Minzejoghurt

- ⊕ einfach
- ⊕ fettarm
- ⊕ exotisch
- ⊕ vegetarisch
- ⊖ Vitalstoffe
- ⊕ raffiniert
- ⊕ schnell
- ⊕ preiswert

1 Die Beeren waschen, entstielen und mit Küchenkrepp trockentupfen. Die Zitronenmelisseblättchen waschen, trockentupfen und in Streifen schneiden.

2 Die Gelatineblätter nach Packungsanleitung in kaltem Wasser einweichen. Die Sahne steif schlagen und in den Kühlschrank stellen.

3 Mit einem elektrischen Handrührgerät die Eigelbe mit Quark, Zucker, Zitronensaft und Joghurt cremig rühren. Die Gelatine fest ausdrücken, mit 3 EL Quarkmasse verrühren und in der Mikrowelle kurz erwärmen, bis sie sich auflöst. Die Gelatine unter den Quark rühren.

4 Die Sahne mit den Beeren und der Minze unter den Quark heben. Die Kastenform mit Klarsichtfolie auslegen und die Masse einfüllen. Die Oberfläche glatt streichen und mit Folie verschließen.

5 Die Terrine etwa 3 Stunden in den Kühlschrank stellen, dann stürzen, in Scheiben schneiden, auf Teller verteilen und nach Belieben mit frischen Beeren garnieren.

Tipps

Servieren Sie zu dieser Terrine eine Fruchtsauce, entweder ein Fertigprodukt oder frisch zubereitet. Dafür z. B. 200 g Aprikosen waschen, entkernen und in kleine Stücke schneiden. Mit etwa 50 ml Weißwein und Zucker etwa 10 Minuten kochen lassen. Alles durch ein Sieb streichen und lauwarm über die Terrinenscheiben träufeln.

Variationen

Statt gemischter Beeren nur eine Sorte Beeren nehmen. Oder die Erdbeeren in etwas Mandellikör (Amaretto) wenden und unter die Quarkmasse heben.

Erdbeerklöße auf Aprikosensauce

Zutaten

200 g Quark · 80 g weiche Butter · 1 frisches Ei · 80 g Zucker · etwas Salz · etwas abgeriebene Schale von 1 unbehandelten Zitrone · 150 g Mehl

250 g saftige, frische Aprikosen · 3 cl Aprikosen- oder Orangenlikör

etwas Mehl für die Arbeitsfläche · 12 Erdbeeren

50 g Semmelbrösel oder Paniermehl · 1 Prise gemahlener Zimt

einfach ⊖
fettarm ⊖
exotisch ⊖
vegetarisch ⊕
Vitalstoffe ⊖
raffiniert ⊕
schnell ⊕
preiswert ⊕

Für 4 Personen
Zubereitungszeit: ca. 40 Min.
Kühlzeit: ca. 1 Std.
ca. 530 kcal je Portion

1 Den Quark in ein Küchentuch geben und darin fest ausdrücken. Mit einem elektrischen Handrührgerät 50 g Butter, das Ei, 50 g Zucker, Salz und Zitronenschale cremig rühren. Den Quark und das Mehl einarbeiten. Den Teig mit Folie bedecken und 1 Stunde in den Kühlschrank stellen.

2 Inzwischen die Aprikosen waschen, mit kochendem Wasser übergießen, häuten und entkernen. Das Fruchtfleisch mit dem Likör im Mixer fein pürieren und in den Kühlschrank stellen.

3 Den Quarkteig auf einer bemehlten Arbeitsfläche etwa 1/2 cm dick ausrollen. Den Teig in 12 Quadrate schneiden, die etwa doppelt so groß sind wie die Erdbeeren. Je eine Erdbeere auf ein Quadrat setzen und mit dem Teig umhüllen. Den Teig zu Klößen formen und die Teigränder fest aneinander drücken.

4 Reichlich Wasser in einem Topf erhitzen und die Erdbeerklöße hineingeben. Das Ganze bei mittlerer Hitze etwa 10 Minuten gar ziehen lassen.

5 Die Aprikosensauce auf 4 Teller verteilen. In einer Pfanne die restliche Butter stark erhitzen und darin Semmelbrösel bzw. das Paniermehl mit dem restlichen Zucker verrühren. Mit Zimt abschmecken.

6 Die Erdbeerklöße mit einem Schaumlöffel aus dem Kochwasser nehmen, kurz abtropfen lassen und locker in den Bröseln wenden. Je 3 Klöße auf die Teller mit der Aprikosensauce setzen.

Tipp
In Österreich finden Sie diese Nachspeise unter dem Namen „Ananasknödel auf Marillensauce“ auf der Speisekarte, denn hier heißen Erdbeeren Ananas.

Maultaschen mit Himbeerpudding

- ⊖ einfach
- ⊖ fettarm
- ⊕ exotisch
- ⊕ vegetarisch
- ⊖ Vitalstoffe
- ⊕ raffiniert
- ⊖ schnell
- ⊕ preiswert

Zutaten

150 g Mehl · 1 frisches Ei · 4 TL Pflanzenöl

300 g Himbeeren · 1/4 l Milch · 80 g Zucker · 1/2 P. Vanillepudding

etwas Mehl für die Arbeitsfläche

1 frisches Eigelb

4 cl Himbeerlikör

40 g Butter · 1 EL Zucker

Für 4 Personen
Zubereitungszeit: ca. 1 Std.
Kühlzeit: ca. 1 Std.
ca. 530 kcal je Portion

1 Mehl, Ei, 3 TL Pflanzenöl und 1–2 EL warmes Wasser zu einem glatten Teig verkneten. Einen Teigkloß formen, diesen mit dem restlichen Pflanzenöl besteichen, in Klarsichtfolie hüllen und 1 Stunde in den Kühlschrank legen.

2 Die Himbeeren waschen und mit Küchenkrepp trockentupfen. 200 ml Milch und 50 g Zucker in einem Topf aufkochen. Die restliche Milch mit dem Puddingpulver glatt rühren und in die kochende Flüssigkeit rühren. Den Topf von der Hitze nehmen und den Pudding abkühlen lassen.

3 Den Teig auf einer bemehlten Arbeitsfläche sehr dünn ausrollen. Auf eine Teighälfte im Abstand von etwa 4 cm jeweils 1 TL Vanillepudding setzen. Darauf je eine Himbeere geben.

4 Das Eigelb verquirlen, die leere Teighälfte dünn damit bestreichen und diese über die andere Teighälfte schlagen. Die Zwischenräume fest zusammendrücken und mit einem Teigrädchen Maultaschen ausschneiden.

5 Die restlichen Himbeeren mit dem Himbeerlikör sowie 30 g Zucker im Mixer pürieren. Das Püree durch ein Sieb streichen und auf 4 tiefe Teller verteilen.

6 Reichlich Salzwasser in einem Topf erhitzen und die Maultaschen hineingeben. Bei mittlerer Hitze 3–4 Minuten gar ziehen lassen.

7 In einer Pfanne die Butter stark erhitzen und den Zucker darin schmelzen. Die Maultaschen mit einem Schaumlöffel aus dem Kochwasser heben, kurz abtropfen lassen, in der süßen Butter vorsichtig schwenken und auf den Himbeeren anrichten.

Tipp
Das Rezept ist zwar etwas zeitaufwändig, aber es lohnt sich. Sie werden es bestimmt wieder und wieder kochen – versprochen.

Variation
Servieren Sie die Maultaschen zur Abwechslung auf gemischten Beeren.

Zutaten

250 g Erdbeeren · 100 g Brombeeren · 100 g Himbeeren · 100 g rote Johannisbeeren
1 Banane · 1 Birne · Saft von $^1/_2$ Zitrone
8–12 Löffelbiskuits
300 g Toblerone-Schokolade (mit Mandeln, Honig und Rum) · 200 g Sahne

Für 4 Personen
Zubereitungszeit: ca. 30 Min.
ca. 730 kcal je Portion

Schoggi-Fondue mit frechen Früchtchen

- ⊕ einfach
- ⊖ fettarm
- ⊖ exotisch
- ⊕ vegetarisch
- ⊖ Vitalstoffe
- ⊕ raffiniert
- ⊕ schnell
- ⊕ preiswert

1 Die Beeren entstielen, nach Sorten getrennt waschen und trockentupfen. Brombeeren, Himbeeren und Johannisbeeren in 4 Portionsschalen arrangieren.

2 Die Banane schälen und in Scheiben schneiden. Die Birne schälen, entkernen und in mundgerechte Stücke schneiden. Bananen und Birnen auf 4 Desserttellern anrichten und mit Zitronensaft beträufeln. Die Erdbeeren dazugeben und die Schälchen mit den kleinen Beeren dazustellen.

3 Für jeden Gast das Fruchtarrangement sowie je 1 Teller, auf dem Löffelbiskuits und Fonduegabeln liegen, bereitstellen.

4 Die Schokolade in kleine Stücke brechen und mit der Sahne in einer hitzebeständigen Schüssel über einem heißen Wasserbad verrühren. Noch schneller geht es in der Mikrowelle.

5 Die flüssige Schokolade entweder in ein spezielles Keramiktöpfchen mit integriertem Rechaud füllen oder für jeden Essensteilnehmer in Schälchen geben und auf den Tisch stellen.

Tipp

Besonders lecker schmeckt es, wenn man die kleinen Beeren mit flüssiger Schokolade aus dem Fonduetopf begießt und diese löffelweise genießt. Die anderen Früchte in das Schokoladenbad tauchen.

Variationen

Die verwendeten Früchte können Sie je nach Saison variieren.
Bei der Schokoladensorte haben Sie die Qual der Wahl. Am besten eignen sich Vollmilchsorten, gefüllte Schokoladen sind nicht zu empfehlen.

Zutaten

2 Babyananas

100 g Stachelbeeren · 100 g Brombeeren · 2 Babybananen · Saft von 1/2 Limette

200 g Sahne · 5 cl Kokossirup · 4 cl weißer Rum

2 EL ungesüßte Kokossraspel · 1 Prise gemahlener Zimt · 1 Prise gemahlene Muskatblüte

Für 4 Personen
Zubereitungszeit: ca. 20 Min.
ca. 320 kcal je Portion

Gefüllte Ananashälften

1 Die beiden Babyananas mit Schopf längs durchschneiden, Strunk und Fruchtfleisch herausschneiden und etwa ein Viertel des Fruchtfleisches klein schneiden und für den Fruchtsalat verwenden.

2 Die Beeren waschen und mit Küchenkrepp trockentupfen. Die Babybananen schälen, in Scheiben schneiden und mit Limettensaft beträufeln.

3 Die Sahne steif schlagen und den Kokossirup untermengen. Den Rum mit Ananas, Bananen und der Hälfte der beiden Beerensorten vermengen und in die Ananashälften füllen.

4 Die Ananashälften auf großen Desserttellern anrichten und rundum mit den restlichen Beeren garnieren. Den Fruchtsalat mit der Kokossahne überziehen und mit Kokosraspel, Zimt und Muskatblüte bestreuen.

Tipps

Dieses Dessert ist ein herrlich erfrischender Abschluss für ein ausgiebiges Menü.
Das restliche Ananasfruchtfleisch im Küchenmixer mit etwas Sahne und Zucker nach Geschmack pürieren. Etwa 200 g Schlagsahne und 1 P. Vanillezucker unterziehen. In Portionsschalen oder ausgehöhlte Ananashälften füllen und im Tiefkühlfach einfrieren.

Variationen

Wenn Kinder mitessen, statt Rum Apfel- oder Birnendicksaft verwenden. Die Kokosraspel in einer heißen, ungefetteten Pfanne rösten, bis sie duften.

- einfach +
- fettarm −
- exotisch −
- vegetarisch −
- Vitalstoffe −
- raffiniert +
- schnell +
- preiswert +

Himbeer-Tiramisu

- ⊕ einfach
- ⊖ fettarm
- ⊕ exotisch
- ⊕ vegetarisch
- ⊖ Vitalstoffe
- ⊕ raffiniert
- ⊕ schnell
- ⊕ preiswert

Zutaten

250 g frische Himbeeren ·
10 cl Himbeerlikör

3 frische Eigelbe · 3 EL Zucker ·
Saft und abgeriebene Schale von
1/2 unbehandelten Orange ·
200 g Mascarpone

etwa 12 Löffelbiskuits

etwa 1 EL Puderzucker

8 frische Minzeblättchen

Für 4 Personen
Zubereitungszeit: ca. 30 Min.
Kühlzeit: ca. 2 Std.
ca. 540 kcal je Portion

1 Die Himbeeren waschen und etwa 50 g beiseite stellen. Die restlichen Himbeeren mit 4 cl Himbeerlikör pürieren und das Mus durch ein Sieb streichen.

2 Die Eigelbe mit dem Zucker cremig rühren und Himbeermus, Saft sowie Orangenschale einrühren. Zuletzt Mascarpone hinzugeben.

3 Die Böden von 4 Cappuccinotassen mit zurechtgeschnittenen Löffelbiskuits auslegen. Mit etwas Himbeerlikör beträufeln. Mit einem Teil der Creme überziehen und darauf wieder Löffelbiskuits setzen.

4 Zum Schluss erneut Creme darauf geben, dabei die Biskuits ganz bedecken. Alles dick mit Puderzucker bestäuben und ohne Bedeckung für etwa 2 Stunden in den Kühlschrank stellen.

5 Kurz vor dem Servieren nochmals Puderzucker über die Oberflächen stäuben. Die Minzeblättchen waschen und trockentupfen. Die Tiramisu mit Himbeeren und Minzeblättchen garnieren.

Tipp
Nach Belieben andere Tassenarten, z. B. Espressotässchen, nehmen.

Variationen
Zwischen die Löffelbiskuitschichten zusätzlich frische Himbeeren geben. Auch mit süßen Ananasecken garniert schmeckt das Dessert sehr gut.

Zutaten

200 g Brombeeren ·
4 cl Cassis (Johannisbeerlikör)

100 ml Eierlikör · 50 g Zucker ·
250 g Quark · 150 g Vollmilch-joghurt · 100 g Sahne

etwa 10 frische Minzeblättchen

Für 4 Personen
Zubereitungszeit: ca. 10 Min.
ca. 360 kcal je Portion

Quarkspeise mit Brombeeren

1 Die Brombeeren waschen, mit Küchenkrepp trockentupfen, mit Cassis beträufeln und 5 Minuten stehen lassen.

2 Den Eierlikör mit dem Zucker cremig rühren. Quark und Vollmilchjoghurt unterrühren. Die Sahne steif schlagen und 100 g Brombeeren unterheben.

3 Die Quarkcreme auf 4 Dessertschalen verteilen und mit den restlichen Brombeeren garnieren. Die Minzeblättchen waschen, in Streifen schneiden und über die Creme streuen.

Tipp
Diese Quarkspeise lässt sich gut vorbereiten. Wenn Kinder mitessen, können Sie statt Eierlikör 2 frische Eigelbe verwenden und statt Johannisbeerlikör Himbeersirup oder Kirschsaft.

einfach ⊕
fettarm ⊖
exotisch ⊖
vegetarisch ⊕
Vitalstoffe ⊖
raffiniert ⊕
schnell ⊕
preiswert ⊕

Variationen
Verwenden Sie gartenfrische Früchte. Ob Kirschen, Erdbeeren, Stachelbeeren, Himbeeren oder Johannisbeeren – dieses Dessert ist immer köstlich.

Champagner-Johannisbeer-Tamarillo-Sorbet

- einfach
- fettarm
- exotisch
- vegetarisch
- Vitalstoffe
- raffiniert
- schnell
- preiswert

Zutaten

100 g Zucker · 1/2 Gewürznelke · abgeriebene Orangenschale von 1/4 unbehandelten Orange

3 frische Tamarillos · 100 g weiße und rote Johannisbeeren

Saft von 1 Zitrone und 1 Orange

1 Flasche Champagner

Für 4 Personen
Zubereitungszeit: ca. 30 Min.
ca. 320 kcal je Portion

1 In einem Topf den Zucker und 3 EL Wasser mit der Gewürznelke und der Orangenschale unter Rühren aufkochen. Alles durch ein Sieb gießen und erkalten lassen.

2 Die Tamarillos waschen, halbieren und das Fruchtfleisch mit einem Löffel herauskratzen. Die Johannisbeeren entstielen, waschen und mit Küchenkrepp trockentupfen.

3 Tamarillos und Johannisbeeren mit Zitronen- und Orangensaft im Mixer fein pürieren. Das Mus durch ein Sieb streichen und mit dem Zuckersirup cremig rühren.

4 Das Sorbet zum Gefrieren 3 Stunden ins Tiefkühlfach stellen. Vor dem Servieren das Sorbet 15–20 Minuten antauen lassen. Das Dessert auf Champagnergläser verteilen und mit Champagner aufgießen.

Tamarillos

Mittlerweile werden in allen Supermärkten das ganze Jahr über exotische Früchte angeboten. Auch die begehrten Tamarillos sind fast immer erhältlich. Die Früchte werden auch Baumtomaten genannt, weil sie Tomaten in Aussehen und Geschmack ähneln. Tamarillos sind jedoch süßer und das geleeartige Fruchtfleisch wird mit den essbaren Samen verzehrt.

Variationen

Für dieses Dessert können Sie alle Fruchtkombinationen nehmen, die Ihnen schmecken. Probieren Sie z. B. Erdbeeren mit Tamarillos, Brombeeren mit Pfirsichen oder Himbeeren mit Tamarillos.

Zutaten

Für das Eis
250 g Sahne · 1/2 P. Vanillezucker · 2 frische Eigelbe · 1 frisches Ei · 50 g Zucker
6 cl Eierlikör
Für die Grütze
700 g Erdbeeren · 100 ml Erdbeerwein · 50 g Zucker
1 EL Speisestärke · 3 EL Rotwein
1 TL Puderzucker

Für 4 Personen
Zubereitungszeit: ca. 30 Min.
Gefrier- & Kühlzeit:
ca. 3 Std.
ca. 530 kcal je Portion

Erdbeergrütze mit Eierlikörеis

- ⊕ einfach
- ⊖ fettarm
- ⊖ exotisch
- ⊕ vegetarisch
- ⊖ Vitalstoffe
- ⊕ raffiniert
- ⊕ schnell
- ⊕ preiswert

1 Die Sahne mit dem Vanillezucker steif schlagen und in den Kühlschrank stellen. Die Eigelbe, das Ei und den Zucker in einer hitzebeständigen Schüssel über einem heißen Wasserbad mit einem Rührbesen luftig aufschlagen.

2 Die Schüssel vom Topf nehmen und die Creme kalt schlagen. Den Eierlikör unterrühren und die Sahne unterheben. Die Creme für mindestens 3 Stunden ins Gefrierfach stellen.

3 Inzwischen für die Grütze die Erdbeeren entstielen, waschen und vierteln. In einem Topf Erdbeerwein und Zucker aufkochen.

4 Etwa 500 g Erdbeeren einrühren und alles 3–4 Minuten sprudelnd kochen lassen. Die Speisestärke mit dem Rotwein glatt rühren und in den Topf rühren. Kurz aufkochen lassen und rühren, bis die Grütze andickt.

5 Die restichen Erdbeeren unter die Grütze mischen, alles in 4 große Portionsschalen füllen und mit Puderzucker bestäuben. Zum Kühlen für etwa 3 Stunden in den Kühlschrank stellen.

6 Das Eierlikörеis aus dem Gefrierfach nehmen und etwa 15 Minuten antauen lassen. Mit einem Eisportionierer oder einem Esslöffel Kugeln oder Nocken abstechen und auf die Grütze geben.

Tipp
Eine neue Erfahrung machen Sie, wenn Sie frisch gehacktes oder gezupftes Koriandergrün über das Eis streuen – ein unvergleichliches Geschmackserlebnis.

Variationen
Die Erdbeergrütze mit Kirsch- statt Erdbeerwein kochen. Den Rotwein gegen Cassis austauschen. Es gibt auch rote, gemischte Fruchtsäfte, die sehr harmonisch abgestimmt sind, z. B. Kirsch-Apfel oder Himbeer-Orange. Testen Sie einfach Ihre Lieblinge aus.

Cremige Heidelbeeren

Zutaten

250 g Heidelbeeren · 2 EL Honig · 50 g Crème fraîche

1 saftige Mango · 1 kleine Papaya · 200 g Sahne · 1 P. Vanillezucker

2 EL Mandelblättchen

Für 4 Nachspeisenportionen
Zubereitungszeit: ca. 20 Min.
ca. 340 kcal je Portion

- einfach +
- fettarm −
- exotisch −
- vegetarisch +
- Vitalstoffe +
- raffiniert +
- schnell +
- preiswert +

1 Die Heidelbeeren waschen, mit Küchenkrepp trockentupfen und mit dem Honig und der Crème fraîche im Mixer pürieren.

2 Die Mango und die Papaya schälen. Die Früchte entkernen und das Fruchtfleisch klein würfeln. Die Sahne mit dem Vanillezucker steif schlagen und die Fruchtwürfel locker untermengen.

3 Die Sahne auf 4 Teller zu kleinen Hügeln anrichten, löffelweise mit Heidelbeercreme überziehen und mit den Mandelblättchen garnieren.

Tipp
Dies ist nicht nur eine tolle Nachspeise, sondern auch ein erfrischendes Dessert für jede Gelegenheit.

Variation
Die Heidelbeeren mit etwas Stärkemehl, Rotwein und Zimt zu einer Grütze kochen. Die Grütze kühl stellen und dann auf dem Sahne-Früchte-Berg anrichten.

Proseccosüppchen mit Früchten

- ⊕ einfach
- ⊖ fettarm
- ⊕ exotisch
- ⊕ vegetarisch
- ⊖ Vitalstoffe
- ⊕ raffiniert
- ⊖ schnell
- ⊕ preiswert

Zutaten

3 Blatt Gelatine · 150 g Zucker
200 ml italienischer Süßwein (Moscato)
2 Stangen Rhabarber · 1/2 Zimtstange · 1/2 Vanilleschote
100 g Stachelbeeren
100 g Himbeeren · 8 frische Minzeblättchen
100 ml Prosecco

Für 4 Personen
Zubereitungszeit: ca. 40 Min.
Gefrierzeit: ca. 10 Std.
Kühlzeit: ca. 30 Min.
ca. 250 kcal je Portion

1 Die Gelatine in kaltem Wasser einweichen. In einem Topf 100 ml Wasser mit 100 g Zucker aufkochen und unter Rühren 2 Minuten weiterkochen. Das Zuckerwasser in eine Schüssel gießen.

2 Die Gelatine in dem warmen Zuckerwasser auflösen und mit dem Moscato verrühren. Das Ganze etwa 10 Stunden in das Gefrierfach stellen.

3 Kurz bevor Sie mit dem Kompott anfangen, die Flüssigkeit aus dem Gefrierfach nehmen. Den Rhabarber putzen, waschen, schälen und quer in etwa 1 1/2 cm große Stücke schneiden. In einem Topf 100 ml Wasser mit dem restlichen Zucker, der Zimtstange und der Vanilleschote aufkochen.

4 Die Rhabarberstücke dazugeben und bei milder Hitze etwa 10 Minuten garen lassen. Die Stachelbeeren waschen und 1 Minute mit den Rhabarberstücken ziehen lassen.

5 Das Rhabarberkompott zum Abkühlen 30 Minuten in den Kühlschrank stellen. Die Himbeeren waschen und mit Küchenkrepp trockentupfen. Die Minzeblättchen waschen.

6 Das Rhabarberkompott ohne Zimtstange und Vanilleschote auf 4 Glasschalen oder breite Kelche verteilen. Den Prosecco langsam unter die Suppe rühren und löffelweise über das Kompott geben. Mit Himbeeren und Minzeblättchen garnieren.

Tipp
Schneller geht es, wenn Sie den Süßwein mit Gelatine im Kühlschrank 1 Stunde halb gelieren lassen.

Zutaten

850 g Erdbeeren · 1 EL Zucker

3 EL Zucker · passierter Saft von 1 Orange · 1 EL grüne, eingelegte Pfefferkörner · 5 cl Orangenlikör (z. B. Grand Manier)

4 große Kugeln Vanilleeis · 8 frische Minzeblättchen

grob gemahlener Pfeffer aus der Mühle, nach Belieben

Für 4 Personen
Zubereitungszeit: ca. 20 Min.
Kühlzeit: ca. 30 Min.
ca. 230 kcal je Portion

Erdbeeren mit grünem Pfeffer

1 Etwa 250 g Erdbeeren entstielen, waschen und mit Küchenkrepp trockentupfen. In einem Topf Zucker, 3 EL Wasser und die Erdbeeren aufkochen und alles mit einem Mixstab fein pürieren. Die Erdbeersauce in eine Schüssel füllen, mit Folie bedecken und in den Kühlschrank stellen.

2 Die restlichen Erdbeeren entstielen, waschen und mit Küchenkrepp trockentupfen. Je nach Größe halbieren, aber besser ganz lassen.

3 In einer Pfanne Zucker und Orangensaft aufkochen. Die Erdbeeren dazugeben und mit den Pfefferkörnern schwenken. Den Likör in eine Kelle gießen, anzünden und über den Pfanneninhalt gießen.

4 Die flambierten Erdbeeren auf 4 Suppenteller verteilen. Je eine große Vanilleeiskugel darauf setzen und diese mit der gekühlten Erdbeersauce überziehen. Alles mit Minzeblättchen garnieren und nach Belieben mit etwas grob gemahlenem Pfeffer bestreuen.

einfach ⊕
fettarm ⊖
exotisch ⊕
vegetarisch ⊕
Vitalstoffe ⊖
raffiniert ⊕
schnell ⊕
preiswert ⊕

Variation
Gemischte Beeren verwenden – die Erdbeeren sollten dabei überwiegen.

Tipp
Diese Nachspeise unbedingt am Tisch vor den Augen Ihrer Gäste flambieren.

Testa Rossa

- ⊕ einfach
- ⊕ fettarm
- ⊖ exotisch
- ⊖ vegetarisch
- ⊖ Vitalstoffe
- ⊕ raffiniert
- ⊕ schnell
- ⊕ preiswert

Zutaten

150 g frische Himbeeren ·
2 frische Minzeblättchen

100 ml gekühlter Weißwein oder Champagner

Für 1 Glas
Zubereitungszeit: ca. 10 Min.
ca. 160 kcal je Glas

1 Die Himbeeren waschen, im Mixer fein pürieren und durch ein Sieb streichen. Die Minzeblättchen waschen.

2 Das Himbeermus in ein Sekt- oder Champagnerglas geben. Mit Weißwein oder Champagner aufgießen und gut umrühren. Mit Minzeblättchen dekorieren.

Frozen Erdbeer-Daiquiri

- ⊕ einfach
- ⊕ fettarm
- ⊖ exotisch
- ⊖ vegetarisch
- ⊖ Vitalstoffe
- ⊕ raffiniert
- ⊕ schnell
- ⊕ preiswert

Zutaten

100 g Erdbeeren · Saft von
1/2 Zitrone · 1 EL Zucker

8 cl Antillenrum (weißer Rum) ·
4 EL zerstoßene Eiswürfel

Für 1 Glas
Zubereitungszeit: ca. 10 Min.
ca. 340 kcal je Portion

1 Die Erdbeeren entstielen, waschen, mit Küchenkrepp trockentupfen und mit dem Mixstab oder im Mixer mit Zitronensaft und Zucker fein pürieren.

2 Das Erdbeerpüree mit Rum und zerstoßenem Eis in einem Shaker kräftig mixen. Den Daiquiri in eine Sektschale oder in ein spezielles Daiquiriglas gießen.

Tipp
Einen Spieß mit frischen Erdbeeren als Garnitur in den Daiquiri tauchen.

Luftige Törtchen auf Blaubeergrütze

- ⊕ einfach
- ⊖ fettarm
- ⊖ exotisch
- ⊕ vegetarisch
- ⊖ Vitalstoffe
- ⊕ raffiniert
- ⊕ schnell
- ⊕ preiswert

Zutaten

1 EL flüssige Butter · 1 EL Zucker

250 g Quark · 3 frische Eier, getrennt · 100 g Puderzucker · 100 g saure Sahne

1 EL Vanillepuddingpulver

400 g frische Blaubeeren · 50 ml Rotwein · 1–2 EL Zucker oder nach Belieben · 1 EL Weizenstärke

Für 4 Personen
Zubereitungszeit: ca. 40 Min.
ca. 500 kcal je Portion

1 Den Backofen auf 175 °C (Umluft 150 °C; Gas Stufe 2) vorheizen. 4 ofenfeste Förmchen mit Butter auspinseln und mit Zucker ausklopfen.

2 Mit einem elektrischen Handrührgerät Quark, Eigelbe, Puderzucker und saure Sahne cremig rühren.

3 Das Eiweiß mit Vanillepuddingpulver cremig, aber nicht steif schlagen und unter die Quarkmasse heben. Die 4 Portionsförmchen bis zu drei Vierteln füllen.

4 Die Förmchen auf ein Backblech stellen und auf mittlerer Schiene in den Backofen schieben. Die Soufflés etwa 25 Minuten backen.

5 Inzwischen die Blaubeeren waschen. In einem großen Topf den Rotwein mit Zucker aufkochen und die Blaubeeren einrühren. Etwa 4 Minuten kochen lassen. Die Weizenstärke mit etwa 3 EL Blaubeersud glatt rühren und in den Topf rühren. Sobald die Flüssigkeit leicht bindet, den Topf von der Hitze nehmen.

6 Die Blaubeergrütze auf 4 tiefe Teller verteilen. Die Soufflés aus dem Ofen nehmen, die Ränder mit einem spitzen Messer lösen, die Törtchen stürzen und sofort auf den Blaubeeren anrichten.

Tipp

Ein Soufflé ist wie eine Primadonna: Jeder muss auf sie warten und wenn ihr etwas nicht passt, geht sie einfach ... Hier müssen die Gäste warten und nicht umgekehrt, dann wird es ein toller Erfolg.

Variationen

Statt der Blaubeeren Beerensorten Ihrer Wahl verwenden.

Zutaten

200 ml Buttermilch · 2 frische Eigelbe · 1 frisches Ei · 1 EL Zucker · 150 g Mehl · 50 g Crème fraîche · abgeriebene Schale von 1/4 unbehandelten Zitrone · 1 EL flüssige Butter · etwa 50 g Butter

500 g gemischte Beeren (z. B. Erdbeeren, Johannisbeeren, Stachelbeeren, Brombeeren, Heidelbeeren und Himbeeren) · 2 EL Puderzucker · 5 cl Cassis (Johannisbeerlikör)

100 g Sahne

Für 4 Personen
Zubereitungszeit: ca. 50 Min.
ca. 540 kcal je Portion

Buttermilchcrêpes mit Beerenpotpourri

- ⊕ einfach
- ⊖ fettarm
- ⊖ exotisch
- ⊕ vegetarisch
- ⊕ Vitalstoffe
- ⊕ raffiniert
- ⊖ schnell
- ⊕ preiswert

1 Mit einem elektrischen Handrührgerät Buttermilch, Eigelbe, Ei, Zucker, Mehl, Crème fraîche, Zitronenschale und flüssige Butter zu einem glatten Teig verrühren. In einer beschichteten, kleinen Pfanne in wenig Butter portionsweise 8 Crêpes herstellen.

2 Die Beeren waschen und mit Küchenkrepp trockentupfen. Die Hälfte des Puderzuckers mit dem Cassis verrühren und mit den Beeren vermengen.

3 Den Backofen auf 200 °C Grillstufe (Umluft 170 °C; Gas Stufe 3) vorheizen und eine Auflaufform mit Butter ausstreichen. Die Crêpes mit der Beerenmischung belegen, aufrollen und dicht nebeneinander in die Form geben.

4 Die gefüllten Crêpes mit Sahne begießen und die Oberfläche mit dem restlichen Puderzucker bestäuben. Die Form in den Ofen schieben und die Crêpes etwa 20 Minuten backen. Noch heiß servieren.

Tipp

Richten Sie je 2 gratinierte Crêpes mit Vanillerahmeis oder Pralineneis auf einem Dessertteller an. Mit frisch gehackter Minze, Petersilie oder Koriander garnieren.

Variationen

Die Crêpes können auch ohne Überbacken mit einer heißen Schokoladensauce serviert werden.

Brombeertartelettes mit Balsamicoschaum

Zutaten

200 g Brombeeren · 50 g Marmelade nach Belieben (Brombeere, Erdbeere oder Aprikose) · 4 Tartelettes (Fertigprodukt)

4 frische Eigelbe · 3 TL Zucker · 50 ml alter, würziger Balsamessig (Aceto balsamico) · 100 ml Sekt oder Prosecco

1 EL gehackte Pistazien

Für 4 Personen
Zubereitungszeit: ca. 30 Min.
ca. 380 kcal je Portion

einfach +
fettarm −
exotisch +
vegetarisch +
Vitalstoffe −
raffiniert +
schnell +
preiswert −

1 Die Brombeeren waschen und mit Küchenkrepp trockentupfen. Die Marmelade in der Mikrowelle leicht erwärmen und glatt rühren. Die Tartelettes mit Marmelade bestreichen und die Brombeeren darauf anrichten.

2 Die Eigelbe, den Zucker sowie den Balsamessig in einer hitzebeständigen Schüssel über einem heißen Wasserbad cremig rühren. Nach und nach den Sekt oder den Prosecco unterrühren, sodass eine luftige Creme entsteht.

3 Die Tartelettes auf Dessertteller verteilen, mit Balsamicoschaum überziehen und mit Pistazien bestreuen.

Tipp

Der Balsamicoschaum ist der berühmten Zabaione nachempfunden, die mit dem italienischen Dessertwein Marsala aufgeschlagen wird. Die Qualität des Balsamicoschaums ist abhängig von der Wahl des Acetos. Es gibt Balsamessig in den unterschiedlichsten Preisklassen zu kaufen.

Variationen

Statt der Tartelettes aus Mürbeteig fertige Biskuittörtchen verwenden. Sie können die Brombeertartelettes auch mit Obstkuchenglasur überziehen und separat zur Creme servieren.

Schwiegermutters Erdbeerroulade

- ⊕ einfach
- ⊖ fettarm
- ⊖ exotisch
- ⊕ vegetarisch
- ⊖ Vitalstoffe
- ⊕ raffiniert
- ⊖ schnell
- ⊕ preiswert

1 Mit einem elektrischen Handrührgerät die Eigelbe mit dem Zucker cremig rühren. Nach und nach Mehl, Stärkemehl, Backpulver sowie Mandeln unterrühren.

2 Das Eiweiß zu steifem Schnee schlagen und unter den Teig heben. Den Backofen auf 200 °C (Umluft 170 °C; Gas Stufe 3) vorheizen und ein Backblech mit Backpapier auslegen.

3 Den Teig auf das Backpapier streichen. Das Backblech auf der mittleren Schiene in den Backofen schieben und den Teig etwa 20 Minuten backen. Ein Küchentuch mit Zucker bestreuen und den fertigen Biskuit darauf stürzen. Das Backpapier vorsichtig abziehen und den Biskuit mithilfe des Tuchs einrollen. Den Biskuit einige Stunden auskühlen lassen.

4 Die Erdbeeren entstielen, waschen und trockentupfen. Je nach Größe halbieren oder vierteln und mit dem Zucker vermengen. Die Sahne steif schlagen.

5 Den Biskuit ausrollen. Etwa 600 g Erdbeeren und drei Viertel der Schlagsahne auf dem Biskuit verteilen und ohne Tuch wieder aufrollen. Die Rolle auf eine Servierplatte geben, rundum üppig mit Puderzucker bestäuben, mit Sahnetupfern verzieren und mit den restlichen Erdbeeren sowie den Pistazien garnieren.

Zutaten

Für den Biskuitteig
6 frische Eier, getrennt · 180 g Zucker · 70 g Mehl · 70 g Stärkemehl · 1 TL Backpulver · 70 g gemahlene Mandeln

Etwas Zucker für das Küchentuch

Für die Füllung
750 g Erdbeeren · 50 g Zucker · 1 l Sahne

2 EL Puderzucker · 1 EL gehackte Pistazien

Für 9 Personen
Zubereitungszeit: ca. 50 Min.
Kühlzeit: ca. 4 Std.
ca. 650 kcal je Portion

Tipp
Meine Schwiegermutter bereitet den Teig immer am Abend zu und lässt ihn im gezuckerten Küchentuch über Nacht gut auskühlen. Erst am nächsten Tag, kurz vor dem Kaffeebesuch, wird die Erdbeerroulade fertig gestellt.

Variationen
Erdbeeren und Ananas kombinieren oder eine Himbeerroulade zubereiten.

Heidelbeermuffins mit Baiser

- einfach
- fettarm
- exotisch
- vegetarisch
- Vitalstoffe
- raffiniert
- schnell
- preiswert

Zutaten

Für den Muffinteig
150 g Mehl · 150 g gemahlene Haselnüsse · 100 g kalte Butterstückchen · 1 frisches Ei · 50 g brauner Zucker · etwas Salz
Mehl für die Arbeitsfläche
Hülsenfrüchte zum Blindbacken
Für die Füllung
200 g Heidelbeeren · 1 P. Vanillezucker · 50 ml Johannisbeersaft · 1 EL Zucker
1 EL Speisestärke
2 frische Eiweiß · 1 EL Puderzucker

Für 12 Muffins
Zubereitungszeit: ca. 50 Min.
Kühlzeit: ca. 1 Std.
ca. 250 kcal je Portion

1 Mehl und Haselnüsse in eine Schüssel sieben. Butter, Ei, Zucker, Salz und 2–3 EL kaltes Wasser zugeben und daraus einen Mürbeteig herstellen. Einen Kloß formen, in Folie wickeln und 1 Stunde in den Kühlschrank stellen.

2 Die Heidelbeeren waschen. In einem Topf Vanillezucker mit Johannisbeersaft und Zucker aufkochen. Die Heidelbeeren einrühren und 2 Minuten kochen lassen.

3 Die Speisestärke mit 2 EL kaltem Wasser glatt rühren, in den Topf zu den Heidelbeeren geben und sorgfältig einrühren. Den Topf von der Hitze nehmen und die Heidelbeeren abkühlen lassen.

4 Den Backofen auf 200 °C (Umluft 170 °C; Gas Stufe 3) vorheizen. Den Teig auf einer bemehlten Arbeitsfläche kneten und zu einer Rolle formen. Diese quer in 12 Portionen schneiden.

5 Je eine Teigportion in eine Muffinpapiermanschette oder in eine Mulde eines Muffinblechs geben und mit dem Handrücken eine leichte Vertiefung hineindrücken. Diese Vertiefung mit Hülsenfrüchten füllen. Die Muffins auf ein Backblech setzen und auf mittlerer Schiene im vorgeheizten Ofen 10 Minuten blindbacken.

6 Das Backblech aus dem Ofen nehmen und die Hülsenfrüchte entfernen. Die Törtchen weitere 5–7 Minuten backen. Herausnehmen und kurz abkühlen lassen.

7 Die Heidelbeeren in die Törtchen füllen. Das Eiweiß mit Puderzucker schnittfest schlagen und die Törtchen damit überziehen. Zum Gratinieren noch einmal kurz in den Ofen schieben.

Tipp
Wer kein Muffinblech oder keine Muffinpapiermanschetten hat, kann den Teig portionsweise in mit Butter und Zucker ausgestreute Soufflé-förmchen geben und backen. Abkühlen lassen und mit einem spitzen Messer herauslösen.

Varianten
Statt Heidelbeeren Brombeeren oder Johannisbeeren verwenden.

Zutaten

Für den Rührteig
100 g weiche Butter · 3 frische Eier · 250 g Zucker · 80 ml Milch · 250 g Mehl · 1 Päckchen Backpulver · 1/2 TL gemahlene Nelken · 1 TL gemahlener Zimt · 3 TL Kakaopulver · 250 g gemahlene Walnüsse

Für die Johannisbeergrütze
250 g rote Johannisbeeren · 50 ml Rotwein · 1/2 Stange Zimt · 2 EL Zucker · Mark von 1/2 Vanilleschote · 1 TL Stärkemehl

100 g Sahne zum Garnieren

Für 1 Backblech (12 Stücke)
Zubereitungszeit: ca. 50 Min.
ca. 340 kcal je Stück

Walnusskuchen mit Johannisbeergrütze

- ⊕ einfach
- ⊖ fettarm
- ⊖ exotisch
- ⊕ vegetarisch
- ⊖ Vitalstoffe
- ⊕ raffiniert
- ⊖ schnell
- ⊕ preiswert

1 Den Backofen auf 175 °C (Umluft 150 °C; Gas Stufe 2) vorheizen und ein Backblech mit Backpapier auslegen. Mit einem elektrischen Handrührgerät aus Butter, Eiern, Zucker, Milch, Mehl, Backpulver, Nelken, Zimt, Kakao und Walnüssen einen Teig herstellen.

2 Den Teig auf das Backpapier streichen und auf der mittleren Schiene des Ofens etwa 20 Minuten backen.

3 Inzwischen die Johannisbeeren von den Rispen zupfen, waschen und mit Küchenkrepp trockentupfen. In einem Topf den Rotwein mit der Zimtstange, Zucker und Vanillemark aufkochen. Etwa 150 g Johannisbeeren einrühren und 1 Minute aufkochen lassen. Das Stärkemehl mit 2 EL Wasser glatt rühren und den Johannisbeersud damit sorgfältig verrühren.

4 Den Topf von der Hitze nehmen und die Johannisbeergrütze kurz abkühlen lassen. Den Kuchen aus dem Ofen nehmen und ebenfalls abkühlen lassen.

5 Den Walnusskuchen in Stücke schneiden und auf großen Desserttellern anrichten. Rundum und oben mit Johannisbeergrütze garnieren. Die Sahne steif schlagen und Sahnetupfer auf die Kuchenstücke geben. Die Stücke mit den restlichen Johannisbeeren bestreuen.

Tipp
Die Johannisbeergrütze auf Dessertschalen verteilen, mit Puderzucker bestreuen und kalt stellen. Zum Servieren geschlagene und mit Eierlikör verrührte Sahne darüber geben.

Stachelbeer-Käse-Kuchen

Zutaten

250 g Löffelbiskuits · 80 g Kokosraspel · 80 g weiche Butter · 2 EL Orangensaft

600 g Stachelbeeren · 150 g Zucker

11 Blatt weiße Gelatine · 250 g Sahne · 500 g Frischkäse (Doppelrahmstufe) · Saft von 1 Zitrone · abgeriebene Schale von 1/2 unbehandelten Orange

Für 1 Springform
(24 cm Ø, 12 Stücke)
Zubereitungszeit: ca. 40 Min.
Kühlzeit: ca. 4 Std.
ca. 440 kcal je Stück

einfach ⊕
fettarm ⊖
exotisch ⊕
vegetarisch ⊕
Vitalstoffe ⊖
raffiniert ⊕
schnell ⊕
preiswert ⊕

1 Die Löffelbiskuits in eine Plastiktüte geben, die Tüte verschließen und die Biskuits mit einem Teigroller krümelig rollen. Die Brösel mit 50 g Kokosraspel, Butter und Orangensaft verkneten. Den Boden einer Springform mit Backpapier auskleiden, die Biskuitmasse darauf verteilen und andrücken. Etwa 2 Stunden in den Kühlschrank stellen, sodass sie fest wird.

2 Die Stachelbeeren waschen und 500 g davon mit 4 EL Wasser sowie 100 g Zucker 2 Minuten kochen lassen. Alles durch ein Sieb streichen und kurz abkühlen lassen.

3 Die Gelatine in kaltem Wasser einweichen. Die Sahne steif schlagen. Das Stachelbeermus mit Frischkäse, Zitronensaft, Orangenschale und dem restlichen Zucker verrühren. Die Gelatine aus dem Wasser nehmen, in der Mikrowelle auflösen und unter die Stachelbeercreme rühren.

4 Die Sahne unterheben. Die Masse auf dem Biskuitboden verteilen und glatt streichen. Den Käsekuchen etwa 2 Stunden in den Kühlschrank stellen, damit er fest wird.

5 Den Kuchen aus dem Kühlschrank nehmen und den Teigring entfernen. Mit den restlichen Stachelbeeren und Kokosraspeln verzieren.

Tipp
Es gibt fertige Kuchenböden in allen Varianten, die Sie für dieses Rezept nach Belieben verwenden können.

Millefeuilles mit viererlei Beeren

- einfach
- fettarm
- exotisch
- **vegetarisch**
- Vitalstoffe
- **raffiniert**
- schnell
- **preiswert**

Zutaten

250 g Sahne · 150 g weiße Schokolade
1 frisches Ei · 3 cl weißer Rum
Butter für das Blech · 250 g Blätterteig · Mehl für die Arbeitsfläche
250 g Erdbeeren · 150 g rote, weiße und schwarze Johannisbeeren · 50 g Puderzucker
1 EL Puderzucker zum Garnieren

Für 4 Personen
Zubereitungszeit: ca. 1 Std.
Kühlzeit: ca. 2 Std.
ca. 770 kcal je Portion

1 Die Sahne steif schlagen und in den Kühlschrank stellen. Die Schokolade in kleine Stücke brechen und in einer hitzebeständigen Schüssel über einem Wasserbad oder in der Mikrowelle schmelzen.

2 Das Ei in einer hitzebeständigen Schüssel über einem warmen Wasserbad cremig rühren. Vom Topf nehmen und kurz kalt rühren. Schokolade und Rum unterrühren, dann die Sahne unterziehen. Die Schokomousse etwa 2 Stunden in den Kühlschrank stellen.

3 Den Backofen auf 200 °C (Umluft 170 °C; Gas Stufe 3) vorheizen und ein Backblech mit Butter ausstreichen. Den Blätterteig auf einer bemehlten Arbeitsfläche so ausrollen, dass das Backblech ausgefüllt ist.

4 Den Blätterteig mit einem Messer in 12 Portionen teilen, den Teig jedoch nicht bis zum Boden durchschneiden, sondern nur einritzen. Mit einem Kuchengitter beschweren und auf mittlerer Schiene im vorgeheizten Ofen etwa 10 Minuten backen.

5 Inzwischen die Erdbeeren entstielen, waschen, trockentupfen und halbieren. Die Johannisbeeren entstielen, waschen, trockentupfen und mit 50 g Puderzucker pürieren. Die Sauce durch ein Sieb streichen.

6 Den Blätterteig aus dem Ofen nehmen und an den eingeritzten Stellen in zwölf Stücke schneiden. Auf 4 Dessertteller je 1 Blätterteigstück legen und mit Schokomousse bestreichen. Darauf Erdbeerhälften legen und 1 Blätterteigstück setzen. Wieder Schokomousse darauf streichen und Erdbeeren darauf verteilen. Jeweils mit dem dritten Blätterteigstück abschließen.

7 Die Millefeuilles und die Teller dick mit dem restlichen Puderzucker bestäuben und rundum mit Johannisbeersauce beträufeln.

Tipp

Millefeuilles heißt übersetzt „tausend Blätter". Der Blätterteig muss mit dem Gitter beschwert werden, sonst bläht sich der Teig im Ofen auf.

Alphabetisches Rezeptverzeichnis

Rezeptverzeichnis nach Beerensorten

Beerenkombinationen

Blaubeeren

Brombeeren

Erdbeeren

Heidelbeeren

Himbeeren

Johannisbeeren

Stachelbeeren

Im FALKEN Verlag sind zahlreiche Titel zum Thema „Essen und Trinken“ erschienen.

Sie erhalten sie überall dort, wo es Bücher gibt.

Sie finden uns im Internet: **www.falken.de**

Dieses Buch wurde auf chlorfrei gebleichtem und säurefreiem Papier gedruckt.

Der Text dieses Buches entspricht den Regeln der neuen deutschen Rechtschreibung.

Impressum

ISBN 3 8068 2740 0

Umschlagkonzeption: Martina Eisele, München
Umschlaggestaltung: Digital Design GmbH Borgers, Hünstetten
Layout: Johannes Steil, Wiesbaden
Lektorat und Erstellen des Einleitungstextes: Claudia Fink, Rodgau
Redaktion: Dirk Katzschmann und Olaf Rappold (red.sign, Stuttgart)
Koordination und Schlussredaktion: Anja Halveland (FALKEN Verlag)
Herstellung: Petra Zimmer (FALKEN Verlag) und red.sign, Stuttgart
Fotos auf dem Umschlag: Die Bilder auf der Umschlaginnenseite vorne wurden dem FALKEN Verlag freundlicherweise von der Autorin und dem Fotografen zur Verfügung gestellt.

Rezeptfotos und weitere Fotos: Amos Schliack, Hamburg
Food-Styling: Roland Geiselmann, Hamburg
Satz: red.sign, Stuttgart
Reproduktion: Lithotronic, Frankfurt
Druck: Druckhaus Cramer, Greven

817 2635 4453 6271